CD付き

プロが教える朗読

心に届く語りのコツ50

一般社団法人 日本朗読検定協会認定教室
プチプラージュ主宰 **葉月のりこ** 監修

STEP UP!
メイツ出版のコツがわかる本

はじめに

もっと上手に、もっと楽しく読みたい方へ

近年、朗読が静かなブームになっています。朗読の面白さや奥深さにはまってしまう人が続出し、朗読教室はどこも盛況のようです。

「朗読って、ただ声を出して読むだけじゃないの？」と思っている方もいるかもしれませんね。でも、それは音読で、朗読とは似て非なるものです。

音読は自分1人で完結できますが、朗読は聴き手がいなければ成り立ちません。朗読の根底に流れているのは、作品への深い愛情と作者への敬意、聴き手に喜んでもらいたいというおもてなしの心です。

1冊の本と伝えたいという思いさえあれば、年齢を問わず、どなたでも気軽に取り組めます。そして、読み込むほどに、朗読の楽しさに気づくはずです。

私が主宰する朗読教室には、さまざまな生徒さんがいらっしゃいます。下手だからと小さな声で読んでいらっしゃった方も、内気で人づきあいが苦手とおっしゃっていた方も、朗読の練習を続けるうちに、一様にイキイキと自己表現されるようになるのは驚きです。教室にはいつも笑顔があふれ、レッスン終了後はおしゃべりに花を咲かせているようです。

このように、仲間ができるのも、朗読の魅力の1つです。朗読会では、力を合わせてグループ読みをしたり、朗読劇をすることもあります。多少の失敗があっても、終わったときは、みなさんの顔は達成感で輝いています。そして、もっとうまくなりたいと、口をそろえておっしゃるのです。

朗読には、こう読むべき、これが正解、というものはありません。自由に読んでいいのですが、声の出し方や表現のしかたなど、基本を押さえることは大切です。そこで、本書には、もっと上手に、もっと楽しく読むためのノウハウを、ぎっしり詰め込みました。

基本的な練習方法から朗読力の高め方、朗読会に向けての準備、本番で力を出し切るコツ、ＣＤを聴いて実際に朗読にトライするまで、50の焦点に絞って解説しました。これらをきちんと実践すれば、初心者の方でも舞台に立てる朗読力を身に付けられるはずです。

ただし、いちばん大切なことは自分自身が楽しむこと。読み手が楽しんでいないのに、聴き手を楽しませることはできません。

本書によって、みなさまの朗読ライフがより実り多きものになれば、こんなにうれしいことはありません。

CD付き プロが教える 朗読 心に届く語りのコツ50 目次

第3章 朗読本番前の準備のポイントを知りましょう

第4章 朗読力を高め、練習成果を出し切るポイントを知りましょう

第5章 さまざまな文章にトライしてみましょう!

本書の使い方

【コツ】
項目の番号で、
1～50まであります。

CD Track 17
【CDトラックナンバー】
音源付きの記事に対応した付属CDのトラックナンバーで、1～45まであります。

【タイトル】
項目のタイトルです。

【ポイント】
項目の内容を段階に分けて
ポイントとして紹介しています。

コツ 24 朗読力がアップするポイント

オリジナルの発声練習文を作ろう！

あいさつ
明るく
あいうえお

発声の練習では、口の形を正しく作って声を出すことで正しい発音も培われます。よく使われているのが「あえいうえおあお」ですね。ただ、同じ練習ばかりで飽きたという方や、もっと面白くしたい方は、ヤル気をUPさせるためにも、オリジナルの練習文を作ってみてはいかがでしょう。

ポイント 1 自分で作れば楽しさ倍増！

CD Track 17

お気に入りの文章なら、練習にもいっそう力が入るというもの。my練習文を作ってみましょう。

でもどんなふうに？　という方は、アイドルグループ「さくら学院」のために作った発声練習を参考にしてください。一生懸命がんばるメンバーを思い浮かべて考えた練習文は、1500人のファンが集まるイベントで楽しんで頂きました。あなたもぜひ、オリジナル発声練習文にトライしてみてください。

トラック 17
「さくら学院発声練習」

あいさつ	明るく	あいうえお
かわいい	しぐさで	かきくけこ
さくらが	咲いたよ	さしすせそ
立ち位置	かんがえ	たちつてと
悩みが	いっぱい	なにぬねの
走って	ころんで	はひふへほ
まっすぐ	進もう	まみむめも
やさしく	声かけ	やいゆえよ
楽して	得られぬ	らりるれろ
笑って	がんばる	わいうえを

ワンポイントアドバイス

発声練習は漫然と行うのではなく、目標を決めて、集中してやりましょう。なめらかに言えるようになったら、スピードを速くしたり、練習文の難易度を上げていきます。録音して上達具合をチェックすると、励みになります。

60

ポイント 2 難しく考えずに軽いノリで

どんな文章にしようかと考えすぎると、かえって言葉が出てきません。どうせやるなら楽しまなくちゃ損、ぐらいの軽いノリでOK！

語呂合わせのようなものでもよし、自分がさっそうと朗読している姿を思い浮かべて作るのもいいでしょう。

ただし、繰り返し使う言葉ですから、ネガティブな言葉や暗い言葉は避けましょう。明るく前向きになれる言葉をチョイスしてください。

ポイント 3 基礎練習を丸ごと楽しもう

発声練習や滑舌練習は地味で退屈なトレーニングだと思いがちですが、何事も基礎が大切です。地道に努力を積み重ねているうちに、自信や表現力がつき、朗読の奥深さもわかってきます。しかも、声を出すことそのものがとても楽しいことに気づくでしょう。

こうして、基礎練習を丸ごと楽しめるようになったらしめたもの。加速度的にあなたのスキルがアップすること間違いなしです。

第2章 楽しく練習して、朗読力がアップするポイントを知りましょう

これだけは覚えよう！

1. 自分だけの発声練習文を作ると楽しく練習できる。
2. 考えすぎないで気楽に作ってみる。
3. 基礎練習を地道にしていると、丸ごと楽しめるようになる。

61

【ワンポイントアドバイス】
補足や追加の情報など、各ポイントから一歩踏み込んだ内容を、ワンポイントでご紹介します。

【これだけは覚えよう!】
項目内で紹介した各ポイントの内容のまとめです。

【おことわり】このCDは、音声を高密度に記録したディスクです。CD対応のプレーヤーで再生してください。ご使用になるプレーヤーの取扱説明書を必ずご参照ください。パソコンに搭載のプレーでの動作は保証しておりません。
【保管場所や取り扱いについて】記録面にキズ、汚れ、指紋、ホコリ、水滴などが付かないように取り扱ってください。付着した汚れ、ホコリなどは柔らかい乾いた布か、市販のクリーナーを使って軽く拭き取ってください。有機溶剤は絶対に使用しないでください。記録面へ文字など書き込むことは絶対にしないでください。直射日光のあたるところ、湿気やホコリの多いところ、暖房器具等の熱のあるものの近く、静電気や電磁波が発生するところには置かないでください。
〈注意〉本CDは、家庭内での私的鑑賞用であり、スクール等でのレッスンでの使用は禁じます。なお、本CDに関する全ての権利は著作権上の保護を受けております。権利者に無断でレンタル・放送・複製・改作・インターネットによる配信をすることは、法律により固く禁じられています。

第１章

基本的な練習のポイントを知りましょう

コツ 1 基本的な練習のポイント

腹式呼吸法をマスターしよう!

聴き手に届く声を出すには、腹式呼吸法は必須です。声を出すのが苦手な人は、胸式呼吸になっているのかもしれません。これらの呼吸法では、空気の量をうまく調整できません。腹式呼吸で十分に空気を取り入れ、しっかり吐くことが大切です。

ポイント 1 丹田を意識して鼻から吸い、息を全て吐ききる

まずは、おなかの中の空気をすべて吐き切りましょう。
「一滴残らず」というイメージです。吐き切ると自然に空気が体の中に入ってきます。口をすぼめて深く吐き、鼻から深く吸う練習をしてください。

吸うときにおなかが膨らみ、吐き出すとおなかがへこむようにします。おへそからこぶし1つ分下にある丹田を意識して吸えば、横隔膜が押し下げられ、おなかが膨らみます。

ワンポイントアドバイス

まずは寝て練習しましょう。床に仰向けになり、リラックスして鼻からゆっくり息を吸い、口からゆっくり息を吐きます。このとき、下腹が膨らめばOK。腹式呼吸の感覚がつかめたら、起き上がって練習するといいでしょう。

ポイント2 5秒吸ったら10秒かけて吐く

最初は下腹に手を添えて、息を吸ったときに膨らんでいるかチェックしてみましょう。

吸うのが5秒なら、吐くのは10秒くらいを目安に、徐々に吸う息を短く、吐く息が長くなるようにします。

腹式呼吸をマスターすれば、空気をたっぷり深く取り込めるので、吐く息の量も多くなり、声量が豊かになります。すると、余裕を持って、朗読できるようになります。

ポイント3 慣れてきたら「あー」と声にして吐く

腹式呼吸に慣れてきたら、「はー」と息を吐くのではなく、「あー」と声を出していきましょう。

以前より大きな声で、楽に長く発声できるのに気づくでしょう。声の大きさは、肺から出る空気の圧力によって決まります。**腹式呼吸は横隔膜で肺を収縮させるので、圧力を調整しやすいのです。**

また、腹式呼吸には緊張をほぐしたり、集中力を高める効果もあります。

これだけは覚えよう！

1. 丹田を意識して息をすべて吐き切り、自然に息を吸う。
2. 息を吸う時間を短く、吐く時間を長くする。
3. 慣れてきたら、吐く息のかわりに「あー」と声にする。

コツ 2 基本的な練習のポイント

自分のいちばん通る声をみつけよう！

「自分のいちばん通る声」を意識したことがありますか？　下を向いて声を出すのと、遠い空を見ながら声を出すのとでは、声の出方が違ってきます。朗読は声で表現するのですから、通る声は不可欠です。声帯から心地よく声が出る感覚をつかみましょう。

ポイント 1 声の出やすい顔の位置を確認する

ヒトの声は、肺から押し出された息が声帯で原音になり、舌、歯、唇、鼻などの働きで声になります。顔を極端に上や下に向けたり、首を横にひねるとうまく声が出ないのは、声の通り道が歪んでしまうからです。

まっすぐ立って正面を向き、「あー」と声を出しながら、顔を上から下までゆっくり動かしてみましょう。いちばん声の出やすい位置が、あなたのベストポジションです。

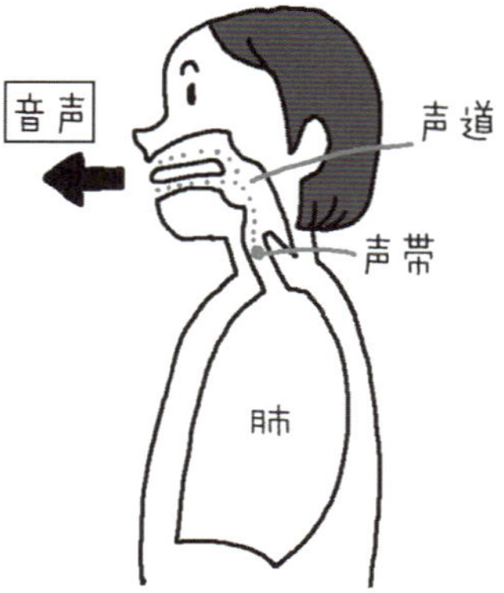

ワンポイントアドバイス

朗読はさまざまな場所で行います。近い距離で数人に聞いてもらうこともあれば、教室のような広い場所で行うことも。2メートルでちょうどよく届く声から、9メートルでも十分に届く声まで使い分けられるといいですね。

ポイント2 しっかり声が届く距離を伸ばす

いちばん声の出やすい位置を見つけたら、次は声が届く距離を伸ばしていきましょう。

声を出すのが苦手な人も、自分のベストポジションで、腹式呼吸で発声すれば、しだいに出るようになります。

友人などに聞いてもらい、2メートル、3メートルと、徐々に距離を伸ばしていきます。5メートルくらい離れても、相手が十分に聞き取れる声を出せるようになれば、ひとまず合格です。

ポイント3 教室のすみずみまで行き渡るイメージで

今度は、あなたが学校の教室で「読み聞かせ」をすることになったと考えてください。生徒は40名くらいです。マイクなんてありません。全員が聞き取れる声で読まなければなりません。

面白くないとざわついてきますし、聞こえないと「ぜーんぜん聞こえない」と、はっきり言われてしまいます。

さあ、教室のすみずみまで行き渡るイメージで読んでみましょう。大きな声というより、芯のある通る声で。

これだけは覚えよう！

1. いちばん声の出やすい顔の位置を確認する。
2. 友人などに協力してもらい、少しずつ距離をあけて話す。
3. 教室のすみずみまで行き渡るイメージで、芯のある声で読む。

コツ 3 基本的な練習のポイント

自分のいちばん楽な声で読んでみよう！

きれいな声で朗読しなければいけない、と思い込んでいませんか？　きれいな声を出そうとするあまり、余裕のない読みや、不自然な読みになってしまう方を多く見かけます。あなたが何の意識もせずに話すときの、いちばん楽な声を出してみましょう。

ポイント 1 力まずふだんの声で読む

「いちばん楽な声で読む」といっても、「だらりと読む」のではありません。きれいな声を出そうと力まないで、あなたの素の声で読む、ということです。無理にトーンを上げたり、声を作ったりすると、自分も疲れますし、聴いているほうも居心地が悪いものです。

アナウンサーのような声を出す必要はありません。ガラガラ声でもしゃがれ声でも、それぞれに味わいがあります。自分の声に自信を持ちましょう。

ワンポイントアドバイス

スポーツの世界でもイメージトレーニングはよく行われ、効果が高いことが証明されています。ボイストレーニングにも、イメージトレーニングを取り入れるといいでしょう。腹式呼吸の大切さも実感できるはずです。

ポイント2 声に磨きをかけよう

どんな声でも、鍛えれば響きが豊かになり、声量もアップします。まず、舌の奥をぐっと下げてのどちんことの間に空洞を作り、「あー」と発声してみましょう。喉が開いて、深く響く声が出る感じがつかめるはずです。

次に、口の中の上の方を響かせることを意識しながら、「あー」と声を出してみましょう。こうして、口の中のあちこちの空洞を響かせるコツをつかむと、声の張りや深みが増します。

ポイント3 声を相手に届けるというイメージで

声を張り上げるのではなく、聴き手に届けるというイメージで発声すると、自然な声が出ます。

まずは、近くにいる人に届けるイメージで読んでみましょう。1人で音読するのとは感覚が違うはずです。

次は、教室のような広い場所をイメージして、すみずみまで響かせるつもりで発声してみます。さらには、200人くらいの舞台を想像して、声を出してみましょう。

これだけは覚えよう！

1. 自分の声に自信を持って、ふだんの声で読む。
2. 喉が開いて深く響く声が出る感覚をつかむ。
3. 声を届けるイメージでトレーニングする。

コツ 4 基本的な練習のポイント

ロングトーンを身につけよう!

ロングトーンとは、一定のトーン・声量で、発声し続けること。「ここは一息に読んだほうが効果的!」と思っても、息が続かないと尻すぼみになってしまいます。ロングトーンは、思いどおりに朗読するために必須のテクニックといえるでしょう。

ポイント1 胸で大きく息を吸わない

まずは「あー」と8秒間、声を出してみましょう。たった8秒ですが、ぶれずに伸ばし続けるのは意外に難しいものです。このとき、ラジオ体操の深呼吸のような「胸式呼吸」になってはいけません。首や肩の筋肉にも力が入るので発声には不向きなうえ、腹式呼吸と比べて、吐く息の量も少なくなるので、声が続かなくなります。腹式呼吸で、深い呼吸を心がけましょう。

ワンポイントアドバイス

言葉のキレをよくするために、スタッカートの練習もしてみましょう。「アッ、エッ、イッ、ウッ、エッ、オッ、アッ、オッ」。同様にカ行からワ行まで行い、ガ行・ザ行・ダ行・バ行・パ行など、濁音や半濁音にも挑戦！　できるだけ短く切り、伸ばさないこと。

ポイント2 声の響きをキープする

声が高くなったり低くなったり、途中で細くなったりしないように気をつけながら、「あー」と10秒間、声を出してみましょう。

このとき、トーンや声量のふらつきを抑えようとあれこれ考えすぎると、よけいな力が入り、かえって不安定になりがちです。

声は響きです。「響きをキープしよう」という意識で発声したほうが、うまくいきます。

ポイント3 安定感のある声を意識しよう

CD Track 1

次は、「一般社団法人　日本朗読検定協会」が、4級の実技検定にも採用している12秒に挑戦してみましょう。腹式呼吸、腹筋を意識して、丹田から声を出すイメージで。

「がんばって長く伸ばそう」と力むと、呼吸が浅くなり、喉の筋肉も緊張してしまいます。リラックスしてゆったりした気持ちで取り組んでください。

自然に声量がアップして、トーンも安定してくるでしょう。

トラック1

ロングトーン 12秒

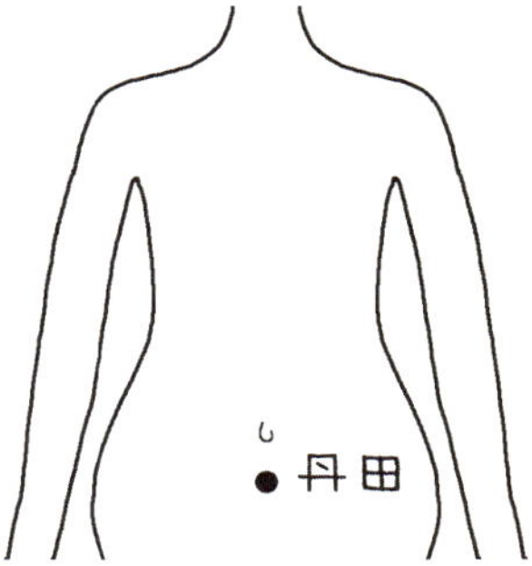

これだけは覚えよう！

1. 胸で息を吸わないで、常に腹式呼吸を心がける。
2. 声の響きを一定に保つことを意識する。
3. しっかりした安定感のある声を意識する。

美しい姿勢で朗読しよう!

朗読のできに直結しますので、朗読するときの姿勢は重要です。姿勢が悪いと通る声を出せませんし、聴き手にもよい印象を与えません。猫背やだらしない姿勢はもってのほか。しっかり腹式呼吸をするためにも、美しい姿勢を保つようにしましょう。

ポイント 1 紐で吊るされているイメージで

「背筋をピンと伸ばして」とよくいわれますが、あまり意識しすぎると、上半身に力が入ってしまいます。これでは、伸びやかな声は出ません。

自分は操り人形で、紐で吊るされているというイメージで立ってみてください。よけいな力が抜けるはずです。

足は、ある程度自由にしてかまいません。演出上よかれと思ったときは、途中から1歩前に踏み出して読むこともあります。

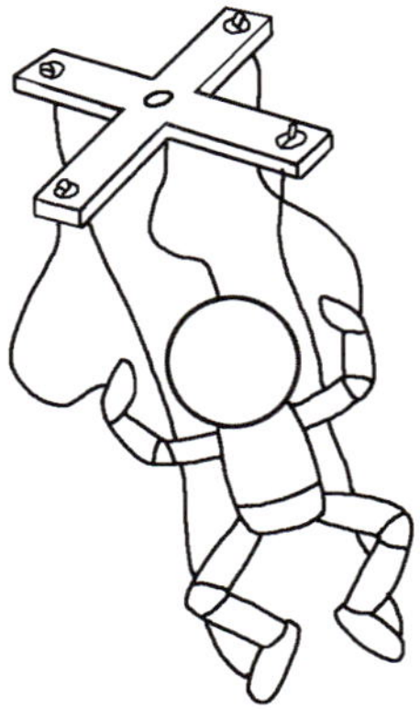

ワンポイントアドバイス

不安定な姿勢や過度な緊張は、朗読の質を落とします。足を開くのはマナー違反と思う方もいるかもしれませんが、直立不動は不安定なうえに緊張感を高めます。マナーよりも、朗読に集中できる姿勢を保つことが大切です。

ポイント2 立つときは足を少し開き安定した姿勢で

両足を肩幅ぐらいに広げ、体の力をストンと抜いて、リラックスして立ちましょう。足をそろえたほうがいい場合もまれにありますが、緊張しているときに足をそろえると、ますます緊張してぐらつきやすくなります。

ですから、通常はまず肩幅に開き、さらにどちらかの足を少し引くと安定します。女性は和服の場合、足を揃え、内股で片方の足をひくと、きれいに見えます。

ポイント3 座るときは椅子に浅く腰かける

椅子に座るときは、楽だからと背もたれにもたれかからないようにしましょう。そんなだらりとした姿勢では、張りのある声は出せません。

椅子には浅く腰かけるようにしてください。ひざはぴたっとそろえないで、やや開きます。短めのスカートをはいていて、開くのに抵抗があるときは、足先を前後に少しずらすといいでしょう。こうすると下半身が安定し、体の緊張もほぐれ、声が出やすくなります。

これだけは覚えよう！

1. 操り人形になった気分で、よけいな力を抜く。
2. 立つときは足を肩幅に開き、片方の足を少し引く。
3. 座るときは、椅子に浅く腰掛け、ひざをやや開く。

コツ 6 基本的な練習のポイント

自分で選んだ本を読もう！

朗読会では、自分の好きな本を読んでみましょう。楽しさが倍増し、思い入れも深くなります。時間制限がある場合は、ところどころカットし、時間に合わせて編集します。そういうことにも慣れておくといいですね。何事にも、積極的に取り組む姿勢が大切です。

ポイント 1 インターネット図書館で探してみよう

朗読教室では、著作権を侵害しないように、著作権が切れた古い作品を多く利用しています。

古い作品は、時代背景が理解しにくく、難しいものもありますが、声に出して読むのに向いている名文も少なくありません。

どんな文章を声に出すと楽しいか、インターネット図書館「青空文庫」で探してみてください。きっとお気に入りの作品が見つかるでしょう。

ワンポイントアドバイス

怪談は苦手、SFは嫌いなどと、特定のジャンルの作品を遠ざけてしまう人がいます。でも、思い切って読んでみると、意外に面白かったり、新たな発見があったりするものです。食わず嫌いは損です。さまざまな作品に挑戦してみましょう。

ポイント2 読み手、聴き手、両方の立場から選ぶ

数ある作品の中から選ぶポイントは、**黙読ではなく、声に出してみて面白いと思うものを、ピックアップすること。**さらに、聴き手となって、聴いてみたいと思えるかどうか検討します。

つまり、読み手、聴き手、どちらから見ても魅力的な作品を選ぶ、というわけです。また、いろいろな作品を読みこなしていきたいと思うのなら、ジャンルや作家の偏りを避けることも、ポイントの1つになります。

ポイント3 ときには他人が選んだ作品で勝負！

親が読ませたい本ではなく、子ども自身に本を選ばせると、「与えられた本」から「自分で読みたい本」に変わります。ただし、ジャンルが偏ってしまう恐れがあるので、親が選んだ本も交ぜておくといいでしょう。

大人にも同様のことがいえます。自分が選んだ本だけではなく、**たまには、他人があなたのために選んでくれた作品にチャレンジしてみましょう。**朗読のレベルアップにつながります。

これだけは覚えよう！

① どんな作品があるかインターネット図書館で調べてみる。

② 声に出して面白い、聴衆の1人として聴いてみたいと思える作品を選ぶ。

③ たまには他人の選んだものを読むとレベルアップできる。

コツ 7 基本的な練習のポイント

朗読する作品を深く理解しよう！

あたりまえのことですが、朗読する作品を十分に理解していないと、自信をもって読めません。読み方が平板になるので、聴き手も物語の世界に入り込めなくなります。言葉の意味や漢字の読みはもちろん、時代背景や舞台となった場所なども入念に調べましょう。

ポイント 1 言葉の意味や漢字の読み方を知る

朗読の基本のきですが、意外におろそかにしている人が多いもの。黙読では読み飛ばせても、朗読ではすべての言葉を声に出して伝えるのですから、そうはいきません。言葉の意味や漢字の読み方、アクセントなどを調べるのは当然のことです。

例えば「家」という漢字も、「いえ」と読む場合と、「うち」と読む場合があります。適当に読まないで、どちらが適しているか考えて読みましょう。

ワンポイントアドバイス

物語の世界を表現しようとすれば、地理や時代背景、当時の流行、住居や衣服、道具などもよく調べる必要があります。このような下調べも、朗読の醍醐味の1つとして取り組むと、もっと読むのが楽しくなるでしょう。

ポイント2 音だけで伝わりにくい場合は言い換えの工夫を

例えば、夏目漱石『門』の初版本では、場面によって「蓮池」に「ハスイケ・レンチ」2種の振り仮名を使用しています。読んだことがある人には「レンチ」で通じますが、聴衆全員が読んでいるとはかぎりません。そのような場合、読みを「ハスイケ」に統一することで初めての人にも伝わりやすくなります。

このように、わかりやすく聴き手に伝えるための工夫も大切です。

ポイント3 作品の舞台を知る

できれば、作品の舞台を訪ねてみましょう。例えば『門』を朗読するのなら、円覚寺に赴き、主人公がどのような山門をくぐり、どのような階段を上って、どのような部屋で話をしたのか、追体験をしてみます。そういうことも作品への理解を深めるのに役立ちます。

「情景が浮かぶ朗読」という言葉をよく耳にしますが、読み手が情景を思い浮かべられなくては、聴き手に伝えることはできません。

これだけは覚えよう!

① 言葉の意味や漢字の読み方を丁寧に調べる。

② 難解な言葉やわかりにくい音は、言い換えるなどの工夫をする。

③ 可能なら、作品の舞台になった場所に足を運び追体験する。

コツ 8 基本的な練習のポイント

読むスピードをコントロールしよう！

どんなに朗々とした声でも、一本調子では、聴く人は飽きてしまいます。内容に合わせて、ときには速く、ときにはゆっくり、緩急をつけて読みましょう。こうして読むスピードを変えると、大切な言葉をより強調できるので、聴く人の心に残ります。

ポイント 1 大切なところはゆっくり読む

政治家や一流のビジネスパーソンなど、スピーチの上手な人は、特に訴えたいところは、ゆっくり話します。そのほうが、説得力が増し、相手の心に届きやすくなるからです。

このように、大切な言葉や文章はゆっくり読むと、聞き手の注意を引き付けられます。「ゆっくり読む」ときは、スピードを遅くするだけではなく、切るところを多くしたり、間を長くとったりして調整します。

ワンポイントアドバイス

どの文章も大切に思えて、あっさり読む箇所がない、ということもあるでしょう。そんなときは、優先順位をつけてみましょう。そうすると、「一番大切な文章」、「やや控えめに読めばよい文章」がわかってきます。

ポイント2 それ以外のところは速く読む

CD Track 2

トラック2
読むスピードを コントロールしよう

①「おじいさんは、ゆっくりと歩いていった。」
「子供は、パタパタと階段を上がった。」

②「私の肩を誰かが叩いた。ふり返ってみると誰もいない。私はまた歩き始めた。」

さほど重要ではないと思う部分は、あっさり速く読みましょう。

どの部分も、感情をこめてゆっくり読みたいと思うかもしれませんが、メリハリをつけることが大切なのです。

「あっさり速く読む」ときは、スピードを上げるほか、文章のかたまりを意識してできるだけつなげて読んだり、間を短くしたりします。

このとき、スタッカートやロングトーンの練習が大いに役立ちます。

ポイント3 動作や心情に合わせて緩急をつける

登場人物の動作や心情に合わせて、読むスピードを変えることも大切です。動作が速いときや必死なときはやや速く、動作が遅いときや安心したときはゆっくり読みます。

「バタバタと階段を上がった」という文章は、速く読まないと雰囲気が出ません。逆に、「おじいさんは、ゆっくりと歩いていった」という文章は、ゆっくり読んでこそ、おじいさんの様子や心情が聴き手に伝わるのです。

これだけは覚えよう！

① **大切な文章や言葉はゆっくり読んで強調する。**
② **特に強調しなくてもよいところは、あっさり速く読む。**
③ **登場人物の動作や心情に合わせて読むスピードを変える。**

コツ 9 基本的な練習のポイント

練習場所はこのように見つけよう！

どこで朗読の練習をすればいいのか、頭を悩ませている人は多いことでしょう。大きな声を出せる場所を探さなくちゃと考えがちですが、その必要はありません。普通の声で、あるいは小声でぶつぶつ言うだけでも練習になります。ですから、自宅でもOKです。

ポイント1 もっとも手近な練習場所、自宅

自宅なら、いつでも気軽に練習できます。もっとも手近な練習場所といえるでしょう。忌憚のない批評をしてくれる家族がいれば、なおいいですね。聴き手の立場から、改善すべき点を指摘してもらいましょう。姿勢や台本の持ち方など自分ではなかなか気づかないものです。

静かな場所で1人の時しか集中できない方は要注意です。「朗読は人に聴いてもらう」ことをお忘れなく。

ワンポイントアドバイス

朗読会は、カフェやライブハウス、ホール、教会、寺、神社などで開催されています。会場が決まったら下見に行きましょう。広さや雰囲気、設備、アクセスなどを調べておくと、安心して本番を迎えられます。

ポイント2 カラオケルームや公共施設で

本番さながらに思う存分声を出したいときは、カラオケルームがおすすめです。防音設備はばっちりですし、人目も気にせずにすみます。

近くにカラオケルームがなかったり、あまり費用をかけたくない場合は、公共の施設を利用する手もあります。空きがあれば、比較的リーズナブルに、会議室や音楽室などを借りられます。

また、開店前のレンタル可という喫茶店などもあります。

ポイント3 広い道や大きな公園で

散歩しながら、録音した自分の朗読（音声）に耳を傾け、練習することをおすすめします。部屋の中でなくても、思いのほか集中できるものです。大きい公園や河川敷などもいいでしょう。実際に声を出さず、声に出したつもりでシミュレーションします。言葉は、読み込むほどリズムを感じられるようになり、体に刻み込まれます。このように朗読の練習は、いつでもどこででもできます。

これだけは覚えよう！

① 自宅ならいつでも気軽に練習できる。

② カラオケルームや公共施設も利用しよう。

③ 広い道や大きな公園、河川敷なども練習場所になる。

コツ 10 基本的な練習のポイント

物語文の読み方

物語の朗読は、ともすると、独りよがりになったり、感動の押し付けになったりしがちです。あなたがその作品をどれだけ丹念に読み込み、深く理解したかが、問われます。それだけに、聴衆からあなたの目論見どおりの反応が返ってきたときの喜びは、格別です。

ポイント 1 まずは黙読して物語の全体像をつかむ

まずはしっかり黙読して、その物語の構成や背景、登場人物など、全体像を把握しましょう。

物語には流れがあり、起承転結があります。それぞれの場面がどういう役割を果たしているのか、登場人物はなぜそういう行動をとったのかなど、さまざまな角度からじっくり検討してみましょう。

すべては、あなたの丁寧な読み込みにかかっています。

ワンポイントアドバイス

練習するときには、目の前に聴き手がいると思って、その人に話しかけるように読んでみましょう。その際、どこで間を取ったか印をつけます。次に、その間が適切かどうか、大切な言葉は何か、緩急はどうかなどを検討します。

ポイント2 登場人物や背景を立体的に想像してみる

物語には、いろいろな人物が登場します。それぞれにキャラクターが立っていないと、読み分けるのが難しくなります。一人ひとり、どういう人物なのか、立体的に想像してみましょう。

例えば、若い男性が主人公とすれば、年齢や背格好、風貌、性格、声など。また、時代背景や物語の舞台、季節、時刻なども、想像してみましょう。

地の文にヒントが詰まっています。豊かな想像力が朗読に生きてきます。

ポイント3 結末を感じさせる読みをしない

聴き手は物語がどういうふうに展開していくのか、ワクワクしながら聴いています。先が読めてしまうと、一気に興味半減です。

推理小説でも、途中で犯人がわかってしまったら興ざめですね。意表を突く展開やオチだからこそ、聴き手は心を揺さぶられるのです。悲しい結末だからと最初から悲しそうな顔で読んだり、楽しい作品だからとずっと笑顔で読んだりするのは、NGです。

これだけは覚えよう！

① はじめは黙読して物語の全体像を把握する。

② 地の文から、登場人物のキャラや物語の背景をすくいあげる。

③ 先の展開や結末を予想できる読みは避ける。

コツ 11 基本的な練習のポイント

会話文の読み方

会話文は、地の文としっかり読み分けることが大切です。話し手の性格や登場人物の関係性、状況、会話の内容などによって、同じ言葉でも、読み方が変わってきます。口調やトーン、読むスピードなどを工夫して、登場人物の心情を表現してみましょう。

ポイント1 登場人物の気持ちを想像する

会話は、登場人物になったつもりで読みます。ですから、想像力をふくらませ、話し手の気持ちに寄り添うことがはじめの一歩です。

登場人物の年齢・性別、置かれた状況などから、相手に対してどのような感情を持っているのか、どのような口調・表情やしぐさで話しているのかを想像してみましょう。登場人物の気持ちと一体になったとき、どう読めばいいか、自ずとわかってきます。

ワンポイントアドバイス

実直で寡黙なおじいさんなら、ゆっくり低い声で、間をとりながら話すでしょう。一方、明るく活発な少女なら、少し高めの声で早口で話すのでは？　どんな話し方をする人か、具体的に想像して、台詞に生かしましょう。

ポイント2 台詞を読み分ける練習をする

登場人物の気持ちを把握できたら、だれかに相手になってもらい、会話の練習をしましょう。その後、1人で台詞を読み分ける練習をします。

読み分けるというと、声音を作ることを考えがちですが、声の張りや量、高さ、スピード、口調、間などを変えることによって、十分に人物の違いを表現できます。おっとりした人、せっかちな人など、話し手の性格も、読み方に反映させましょう。

ポイント3 同じ言葉は工夫して読む

CD Track 3

トラック3

『銀河鉄道の夜』より
（病気のお母さんと男の子の会話）

「お母《つか》さん。いま帰ったよ。工合悪くなかったの。」
ジョバンニは靴をぬぎながら云いました。
「ああ、ジョバンニ、お仕事がひどかったろう。今日は涼しくてね。
わたしはずうっと工合がいいよ。」
ジョバンニは玄関を上って行きますとジョバンニのお母さんがすぐ入口の室《へや》に白い巾《きれ》を被《かぶ》って寝《やす》んでいたのでした。ジョバンニは窓をあけました。
「お母さん。今日は角砂糖を買ってきたよ。牛乳に入れてあげようと思って。」
「ああ、お前さきにおあがり。あたしはまだほしくないんだから。」
「お母さん。姉さんはいつ帰ったの。」
「ああ三時ころ帰ったよ。みんなそこらをしてくれてね。」
「お母さんの牛乳は来ていないんだろうか。」
「来なかったろうかねえ。」
「ぼく行ってとって来よう。」
「ああたしはゆっくりでいいんだからお前さきにおあがり、姉さんがね、トマトで何かこしらえてそこへ置いて行ったよ。」

これだけは覚えよう！

① 登場人物を観察して、その気持ちに寄り添う。

② 声の高さや読むスピードに変化をつけ、台詞を読み分ける。

コツ 12 基本的な練習のポイント

濁音と鼻濁音を使い分けよう

鼻濁音とは、「が・ぎ・ぐ・げ・ご」を鼻に抜けるように発音するものです。濁音は、強く硬い響きですが、鼻濁音はやわらかくやさしい響きになります。最近は、鼻濁音を使う人が少なくなりました。上手に使い分けると、日本語をより美しく表現できるでしょう。

ポイント 1 鼻濁音を使う

CD Track 4

トラック 4

最初の拍（言葉のはじめ）以外は、原則的に鼻濁音になります

赤字の部分を、鼻濁音を意識して発音してみましょう。

小学校（しょうがっこう）・限る（かぎる）・番組（ばんぐみ）・上下（じょうげ）・かき氷（かきごおり）

助詞や接続詞の「が」は、すべて鼻濁音になります。

遊びに行きたいが、暇がない。

ところが

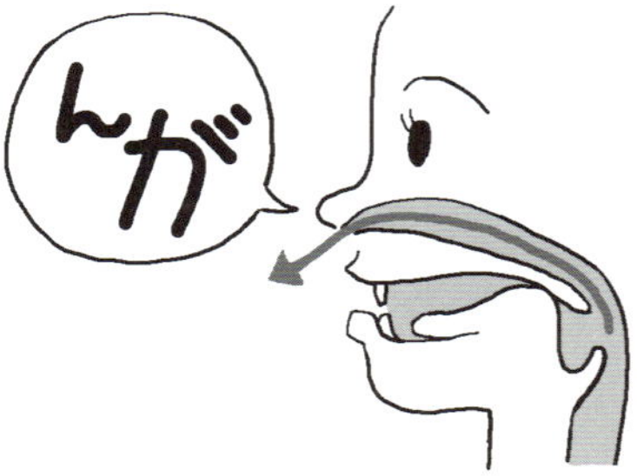

ワンポイントアドバイス

鼻濁音は、やわらかいこなれた雰囲気を生み出します。ですので、子どもの台詞や強烈な台詞などは、わざと鼻濁音を避け、濁音を使うこともあります。シーンや登場人物に合わせて、上手に使い分けるといいですね。

ポイント2 濁音を使う

CD Track 5

トラック5 今度は、濁音を発音してみましょう

・最初の拍は濁音です。
学校・玄関
・外来語は濁音です。
ワイングラス・キログラム・アレルギー
・数字の5は濁音です。
35歳・5時55分・第5位

どうでしょう？ 濁音と鼻濁音の違いがわかりますか？ 鼻濁音のほうがソフトな感じがしますね。

ポイント3 例外を覚える

CD Track 6・7

トラック6 例外もいろいろあります

・固有名詞化された数字は鼻濁音になります。
七五三・十五夜
・接頭語の次は濁音です。
お元気・お義理
・擬態語・擬声語は濁音です。
グラグラ・ガンガン
・複合語で二語の意識が強いものは濁音です。
国会議員・高等学校

トラック7 鼻濁音と濁音を使い分けよう

あさごはんをたべたあと、あさがおに みずをやり、あさぎりのなか、げんきなゲストといっしょに、おんがくかいをやる かいじょうのけんがくにでかけました。

鼻濁音「緑ちゃん、おつかいに行ってきてくれない？ 車が沢山通るから気を付けてね」
濁音「お母さんが牛乳買ってきてって言ったの」

これだけは覚えよう！

① 単語の語中や語尾にあるガ行は、原則的には鼻濁音。
② 助詞や接続詞の「が」はすべて鼻濁音になる。
③ 一音目や外来語、数字は、原則的には濁音になる。

コツ 13 基本的な練習のポイント

母音の無声化とは

母音はすべて有声音で、発音したとき声帯が振動します。一方、子音には有声子音と無声子音があり、無声子音では声帯は振動しません。母音「い」「う」が、この無声子音にはさまれて声帯の振動がなくなり、響きが消えるものを、母音の無声化といいます。

ポイント1 確認しながら発音してみよう

CD Track 8

トラック８ 母音が無声化されているかどうか、一つひとつ確認しながら発音してみましょう

危険（キケン）・握手（アクシュ）・下読み（シタヨミ）・視聴率（シチョーリツ）・着く（ツク）・立ち姿（タチスガタ））

母音を無声化すると、すっきり歯切れよく聞こえます。より滑舌よく明瞭に話すために、ぜひ母音の無声化をマスターしましょう。

ワンポイントアドバイス

関東圏の人は、無意識に母音を無声化していますので、特に気にする必要はないでしょう。しかし、関西圏にはこういう習慣はありません。苦手な人は、息を強く前に出すことを意識して、繰り返し練習しましょう。

ポイント2 母音の無声化の基本的なルールを知る

CD Track 9

無声子音には、か行・さ行・た行・は行・ぱ行とその拗音があります。拗音とは「きゃ」「きゅ」「きょ」のように、2文字の仮名で書き表すものです。これらの無声子音に挟まれた「い」「う」は、基本的には無声化します。

また、「い」「う」が語末にあり、アクセントの山が来ない場合も無声化します。例えば「ここです」「食べます」など。喉に手を当てて、声帯が振動していないことを確かめてみましょう。

ポイント3 「母音の無声化」の入った文章を読んでみよう

CD Track 10

1、美しい服と靴をはいた女の人。(うつくしいふくとくつをはいたおんなのひと)
2、少し疲れたので休息し、薬を服用した。(すこしつかれたのできゅうそくし、くすりをふくようした)
3、噂を聞きつけて力持ちが草むらに集まった。(うわさをききつけてちからもちがくさむらにあつまった)
4、菊が咲きかけたら、北側の窓辺に置く。(きくがさきかけたら、きたがわのまどべにおく)
5、親しい人たちと、新築祝いをした。(したしいひとたちと、しんちくいわいをした)
6、ピクニックの行き帰り、深い森を通った。(ぴくにっくのいきかえり、ふかいもりをとおった)
7、デラックスなクリスマスケーキ。(でらっくすなくりすますけーき)
8、積極的にしてみたが、苦しさは増すばかり。(せっきょくてきにしてみたが、くるしさはますばかり)
9、試験期間は、書きこんだノートがいっぱいだ。(しけんきかんは、かきこんだのーとがいっぱいだ)
10、もし、ひきつけを起こしたら、助けてほしいのです。(もし、ひきつけをおこしたら、たすけてほしいのです)

これだけは覚えよう!

①無声化できているかどうか、実際に発音してチェックする。

②「い」「う」が無声子音にはさまれたときや、語末にあってアクセントがついていないときに無声化する。

コツ 14 基本的な練習のポイント

人の朗読を聴いて「聴く耳」を養おう！

人の朗読を聴くと、新たな発見や学びがあり、とても参考になります。積極的に朗読会に足を運び、聴く耳を養いましょう。最近はYou tubeでも朗読を聴けますし、オーディオブックも市販されています。朗読教室のグループレッスンに参加するのもいいですね。

ポイント 1 良いところを 1 つ取り入れる

人の朗読を聴いたとき、勉強熱心な人ほど、短所が気になってしまうようです。でも、あなたがレベルアップしたいのなら、できるだけ良いところを見つけながら聴く習慣をつけたほうがいいでしょう。

また、うまかったからといって、すべて真似するのはNGです。それでは、あなたの個性や独創性が、失せてしまいます。コレッ！　と思ったところを1つだけ取り入れるといいでしょう。

ワンポイントアドバイス

自分の録音を聴いて、欠点を改善するのはいいですが、あれもこれもと直しすぎて、あなたらしさがなくなってしまっては、元も子もありません。あなたの個性は大切にしましょう。それでこそ、聴き手を魅了できるのです。

ポイント2 自分の朗読を録音して聴いてみる

他人の朗読で聴く耳を養ったら、自分の朗読をICレコーダーやスマホなどに録音して、聴いてみましょう。

アクセントの間違いやイントネーションの癖はないか、聞き取りにくい言葉はないか、自分のイメージをしっかり伝えられているか、読むスピードやプロミネンス・間は適切かなど、入念にチェックしてください。

こうして、少しずつ欠点を修正して、完成度を上げていきましょう。

ポイント3 レコーダーを遠くに置いて録音する

ときには、離れた場所にレコーダーを置いて、録音することをおすすめします。すぐそばで録音すると、声がおなかから出ているかどうか、わかりにくいからです。どの言葉が聞き取りにくいか、どんなふうに読んだときの声が聞こえにくいかなども、よりはっきり把握できます。例えば、低めの心の声が聞き取りにくいなど。

また、聴くときには目からの情報は不要なので、台本は見ないこと！

これだけは覚えよう！

① 他人の朗読は美点を見つけながら聴き、1つ取り入れる。

② 自分の朗読を録音して、修正点を把握する。

③ レコーダーから離れて録音し、聴き手の立場からチェックする。

コツ 15 基本的な練習のポイント

黙読→音読→朗読へと少しずつ変えていく

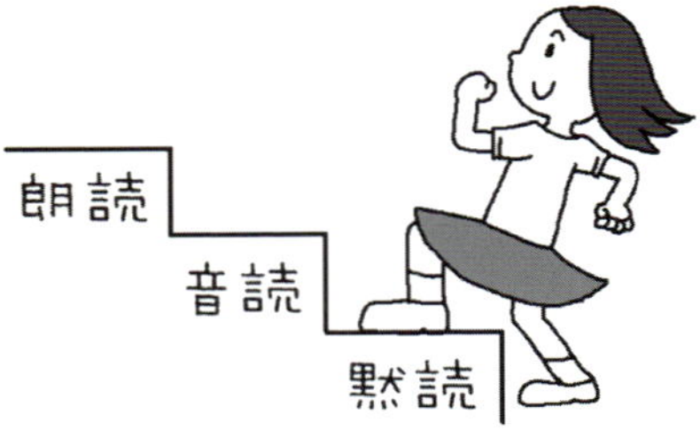

読む本を決めたら、まずは黙読、次に音読、さらに朗読へと、ステップを踏んで完成度を高めていきます。一直線に納得できる朗読に到達できるわけではなく、足踏みをしたり、何度も上がり下りを繰り返します。その基本的なプロセスを知っておきましょう。

ポイント 1 黙読・音読・朗読の違いを理解する

黙読とは、文字どおり声を出さずに黙って読むことです。では、音読と朗読はどう違うのでしょうか。

音読は、黙読した文字を音声に変えるだけです。朗読は、声を出して読むのは音読と同じですが、聴き手にわかりやすいように工夫して表現する点が異なります。

ポイントは「聴き手」を意識して読むかどうか、ということです。朗読には、おもてなしの心があるのです。

ワンポイントアドバイス

文章の係り受けはきちんと考える必要があります。この修飾語はどの言葉にかかっているのか、この主語の述語はどれかなど、しっかり分析しましょう。これを間違えると、誤った情報を聴き手に伝えることになってしまいます。

ポイント2 黙読から音読、朗読へのステップを知る

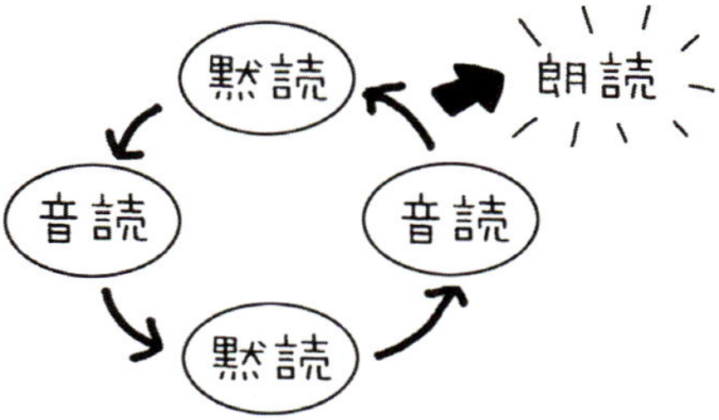

まずは1回黙読し、背景や登場人物などを確認したら、音読してみましょう。声に出してみて、初めて気づくことがあるからです。

次に文章の係り受けを考えて、区切るところに印をつけながら、もう1度じっくり黙読します。話の流れや大切な言葉、登場人物の気持ちなどをつかんだら、それらを意識しながら再度音読します。これを繰り返すうちに、朗読へと深化していくのです。

ポイント3 大切な言葉を絞り込む

黙読しているだけでは気づかないことが多くありますので、黙読、音読、黙読、音読と繰り返すことをおすすめします。

大切な言葉がたくさんある場合は、優先順位を考え、どうしても聴き手の心に残したいものを絞り込んでいきます。さらに想像の翼を広げて登場人物の心情をくみ取り、台詞もどんなふうに読むか決めます。こうして、表現力豊かな朗読ができあがっていくのです。

これだけは覚えよう！

1. 音読は声に出して読む、朗読は聴き手を意識して読む。
2. 黙読と音読を繰り返すうちに、朗読へと昇華していく。
3. 大切な言葉を絞り込み、登場人物の気持ちにより深く寄り添う。

コツ16 基本的な練習のポイント

初見読みで鍛えよう！

周到に準備をして読み進めていく朗読の対極にあるのが、初見読みです。演奏家や声楽家では、初見で弾いたり、歌ったりするのは、基本的な能力の1つとされています。朗読にも同じことがいえます。ときには初見読みに挑戦して、スキルを磨きましょう。

ポイント1 初見読みは訓練にもなり、実力も測れる

初見読みは、瞬時に適応できるかどうかの訓練になります。どの程度読みこなせるかによって、自分の実力も測れます。積極的にチャレンジしてみましょう。

ただし、初見読みの題材選びには注意が必要です。内容をしっかり伝えなければならない物語は、初見読みには向いていません。短くて読みやすい詩がいいでしょう。

あなたの実力はいかに？

物語 ✕

詩 ○

ワンポイントアドバイス

朗読会に備えてどんなに懸命に準備したとしても、練習のときとまったく同じように読むのは不可能です。初見読みで実力を鍛えていれば、多少、ミスやアクシデントがあっても、臨機応変に乗り越えられるようになります。

ポイント2 数をこなすことが大切

とにかく、数をこなして慣れることが大切です。インターネット図書館「青空文庫」の詩や短い文章を、どんどん読んでみましょう。

はじめのうちは読み間違えたり、意味がつかみにくいことが多いかもしれません。でも、続けているうちに徐々に実力がつき、初見でも堂々と読めるようになります。

成果がはっきり表れると、いっそう朗読を楽しめるようになるでしょう。

ポイント3 録音してチェックする

初見読みを録音してみましょう。丁寧に準備をしたときには気づかなかった、読み癖を発見できることがあります。例えば、語尾が伸びてしまうとか助詞を上げてしまうとか。あなたはどうでしょう？

初見読みでは、癖がそのまま出やすいので、チェックして朗読に生かしましょう。もちろん、自分の長所にも気がつくはずです。そこは意識して伸ばしていくといいですね。

これだけは覚えよう！

① 初見読は朗読のスキルアップに役立つ。
② どんどん読んで数をこなすと、実力がつく。
③ 録音して自分の短所や長所を発見する。

コツ 17 基本的な練習のポイント

朗読では表情も工夫してみよう!

朗読では、地の文は基本的には感情を入れないで読みますが、少しだけ気持ちを込めることもあります。そんなとき、その内容にふさわしい表情をすると、より情感豊かに伝えられます。表情を工夫すれば、もっと朗読が楽しくなること請け合いです。

ポイント1 声と表情は連動している

うれしいことがあると、自然に顔がほころび、声も明るく弾みます。逆につらいときには、表情は暗く、声も沈みがちになります。

このように、声と表情は連動しており、同じ言葉でも、笑顔で言うのと、しかめっ面で言うのとでは、トーンが違ってきます。試しに、しかめっ面で「とてもかわいい子犬」と、言ってみましょう。低く暗い声になるので、かわいらしさを伝えるのは難しいですね。

ワンポイントアドバイス

終始、笑顔や怒った顔で読んだり、表情を作り過ぎるのは禁物です。表情に気を取られて、聴き手の集中力がそがれてしまいます。あくまでも「主役は声」です。表情は演出の一部ですから、効果的に使いたいものです。

ポイント2 表情は演出として上手に利用する

表情は、聴衆によりリアルにわかりやすく伝えるための演出として、上手に利用しましょう。

特に台詞の場合は表情豊かに読むと、臨場感が増します。登場人物が笑いながら言っているときは、笑顔で台詞を読み、怒って言っているときは、険しい顔で読みます。聴衆は、思わず引き込まれるに違いありません。

これは、台詞を芝居のように読むときも、抑えて読むときも同じです。

ポイント3 表情を変えて読み比べてみよう

CD Track 11

1、無表情「柔らかい光が、部屋の中に射してきました。」
表情アリ「柔らかい光が、部屋の中に射してきました。」
穏やかな表情で読むと、情景が浮かんでくるようです。

2、無表情「彼は、悔しい気持ちでいっぱいでした。」
表情アリ「彼は、悔しい気持ちでいっぱいでした。」
彼の気持ちに寄り添って読むと、悔しさが表情にも声にも表れます。

3、無表情「その少女は、にこっと笑いました。」
表情アリ「その少女は、にこっと笑いました。」
自然に笑顔になってしまいますね。

これだけは覚えよう！

① 声と表情は連動しているので、その場面にふさわしい表情で読む。

② 表情は演出の一部として効果的に利用する。やりすぎはNG!

コツ 18 基本的な練習のポイント

共通語のアクセントを身に付けよう！

アクセントとは、単語の音の高低のこと。地域によって異なるので、地方の人が共通語のアクセントを身に付けるのは、なかなかたいへんです。しかし、アクセントが違うと、文章の意味が通じなくなることがありますので、ぜひマスターしたいものです。

ポイント 1 アクセントが違うと混乱を招く

CD Track 12

例えば「雨が降ってきました」と読んだつもりでも、「雨」のアクセントが違うと、「飴が降ってきました」になってしまいます。

聴衆は混乱して、物語の中に入り込めなくなります。**聴いている人の想像力をじゃましないようにすることが何より大切です。**

地方の言葉には独特の味がありますので、共通語と使い分けられるようになるといいですね。

トラック 12

アクセントを間違えると意味が変わってしまう

「花（はな）に蜂が止まっている。」
「鼻（はな）に蜂が止まっている。」

「菓子を作る。」
「貸しを作る。」

ポイント 2

共通語のアクセントは４種類類ある

CD Track 13

トラック 13 ４種類のアクセント

①頭高（あたまだか）

うみ

最初の音節が高く、それ以降の音節が低くなります。

例「うみ」「ふね」「なみだ」「ごがつ」「てんごく」「コスモス」「うんせい」

②中高（なかだか）

たまご

最初の音節が低く、それ以降の音節が高くなり、単語の終わりまでにまた低くなります。

例「たまご」「しけん」「にほん」「そだてる」「よろこぶ」「みなさん」「かわいそう」

③尾高（おだか）

ふゆ（が）

　最初の音節が低く、それ以降の音節が高いもので、その後に続く助詞が下がります。助詞をつけなければ「平板」と区別できません。

例「ふゆ（が）」「やま（が）」「ひかり（は）」「おとこ（は）」「おんな（を）」「なかま（を）」「はなし（を）」

④平板（へいばん）

とり（が）

　最初の音節が低く、それ以降の音節が高いもので、その後に続く助詞も高いままです。これも助詞をつけなければ「尾高」と区別できません。

例「とり（が）」「うし（が）」「うめ（を）」「はたけ（を）」「むかし（は）」「さくら（は）」「こども（は）」「こころもち（が）」

ワンポイントアドバイス

　共通語のアクセントを学びたい方は、アクセント辞典を利用するといいでしょう。『ＮＨＫ日本語発音アクセント新辞典』などの書籍のほか、アクセントを調べられるWebサイトやスマホのアプリもあります。

ポイント3　複合名詞になると平板化するものがある

CD Track 14・15

トラック14　平板化するもの

「みどり」は頭高ですが、「色」をつけると「みどりいろ」というように平板になります。

みどり　　みどりいろ

「にほん」は中高ですが、「画」をつけると、「にほんが」というように平板になります。

にほん　　にほんが

　このほか、「型」「科」「際」「組」「側」「家」などがついた場合も、平板化することが多くあります。

　また修飾語がつくと、アクセントが変わるものもあります。

トラック15　修飾語がつくとアクセントが変わることも

上

「荷物を、うえにあげる。」

「荷物のうえに、小鳥が止まった。」

下

「小鳥は、したに降りてきました。」

　「木のしたに、小鳥がいました。」

これだけは覚えよう！

① アクセントを間違えると、意味がわからなくなることがある。

② アクセントには頭高・中高・尾高・平板の4種類がある。

③ 複合名詞になると平板化することもある。

COLUMN 1

朗読の効果

朗読は、心身にさまざまなよい影響を与えます。なんといっても、声を出すことはとても楽しいこと。イライラしがちな人は、好きな本をちょっと朗読してみてください。なんとなく心が鎮まり、すっきりしませんか？

声を出すことは、もっとも手軽なストレス発散法なのです。

しかも、認知症を予防する効果があることもわかっています。朗読をするときには、文章の意味を理解し、声を出し、それを自分の耳で聞きます。さらに、登場人物の気持ちを想像したり、読み方を工夫したり、といった作業も加わります。読み手は、無意識にたくさんの作業を同時にこなしているのですね。

このため、脳が活性化して、情報をやりとりする神経回路も増え、認知症が防げるというわけです。高齢の方でも、集中力や記憶力をアップさせることは可能なのです。あきらめないでください。

また、腹式呼吸によって酸素がたっぷりとりこまれるため、血行がよくなり、新陳代謝が活発になります。そのうえ、表情筋をよく動かすので、しわやたるみを改善するアンチエイジング効果も期待できます。また人前に立つことが、美しさをキープしようというモチベーションを高めます。

このように、朗読には多くの健康効果や美容効果がありますが、もっともうれしい効果は、生きがいを感じて、心も体もぐっと若返ることです。

第２章

楽しく練習して、朗読力がアップするポイントを知りましょう

コツ 19 朗読力がアップするポイント

数人で読み合い、作品の世界を共有してみよう！

朗読は、いつも1人でするとはかぎりません。ときには数人で順番に読み合ったり、もっと大人数で役割分担をして読み合うこともあります。それぞれに独特の楽しさがありますので、チャンスがあれば挑戦してみましょう。数人での朗読は、初心者も楽しめます。

ポイント 1 数人での朗読は初心者にも向いている

数人での朗読には、なんともいえない心地よさがあります。1人旅も楽しいけれど、連れがいると感動を分かち合えるし、また別の楽しさや発見がありますよね。それと同じです。

複数読みでは、語り手の声が変わるので、それだけで聴き手は十分に楽しんでくれます。そのため、1人で読むときほど、細かい配慮がいらないのもうれしいところです。ビギナーも、臆せず挑戦してみましょう。

ワンポイントアドバイス

複数読みでは、チームワークが大切です。楽器の演奏や歌と同じで、美しいハーモニーになっていなければ、聴き手の心に届きません。せっかくみんなで読むのですから、1人読みではできないパフォーマンスを心がけましょう。

ポイント2 何度も読むうちに調和が生まれる

まずは詩、次に童話やエッセイなどにトライしてみるといいでしょう。

誰かの声に合わせようとするのではなく、それぞれの持ち味を生かして、1つの世界を作り上げていきます。

はじめはバラバラのようでも、何度も読んでいるうちに、声のトーンや読み方に調和が生まれてきます。自然に息が合ってくるのです。こうして作品の世界を共有できたとき、大きな達成感を得られるでしょう。

ポイント3 互いに刺激を受けて朗読の幅が広がる

複数で読み合うと、その作品の世界観や解釈についてディスカッションしたり、表現方法についてアイディアを出し合ったりしますので、互いによい刺激を受けます。

同じ素材でも、味付けや調理のしかたは、人によって異なります。自分では気づかなかった読み方や解釈を知って、あなたの朗読に新たな魅力が加わるにちがいありません。朗読の幅がぐっと広がるでしょう。

これだけは覚えよう！

① 複数読みには1人読みとは違う楽しさがある。

② 練習を重ねるうちに調和が生まれる。

③ 互いによい刺激になり、1人読みのパフォーマンスが上がる。

コツ 20 朗読力がアップするポイント

朗読劇のように配役を決め、登場人物になりきってみよう！

朗読は、演劇のように、登場人物になりきることはほとんどありません。でも、複数で練習できるチャンスがあるのなら、配役を決めてぜひ試してみてください。登場人物の心情や状況が、より深くわかるようになるはずです。それを、朗読に生かしましょう。

ポイント 1 配役を決めて読み分ける

朗読の難しいところは、地の文も台詞も、自分1人で読まなくてはいけないことです。どんな状況なのか、どんな気持ちなのか、頭ではわかっているつもりでも、表面的な理解にすぎないことがよくあります。

まずは、配役を決めて、読み分けをしてみましょう。負担が減って気持ちに余裕が生まれ、登場人物の心情や状況を、より的確につかめるようになるでしょう。

ワンポイントアドバイス

台詞がうまく読めないときは、登場人物がその台詞を言ったときの動作や姿勢を真似てみるのもいいですね。例えば、横になって言ったのなら、実際に床に寝てその台詞を読んでみるのです。意外にコツがつかめることがあります。

ポイント2 特に会話は読み分けの効果が大きい

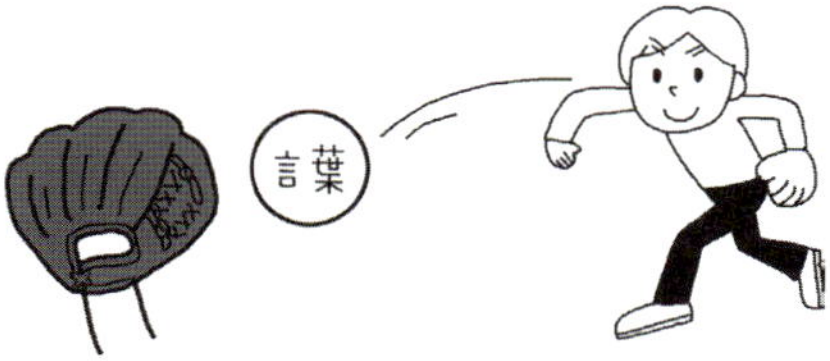

会話は言葉のキャッチボールといわれますが、朗読では、ピッチャーとキャッチャーの両方の役割を果たしているようなものです。

なぜそう言ったのか、言われた側はどう受け止めたのか、双方の気持ちを推し量って表現しなくてはなりません。あっちもこっちもでは、どうしてもサインを見落としがちになってしまいます。その点、読み分ければ、専念できますのでぐっと楽になります。

ポイント3 最後に1人で読んでみる

配役は少しずつ変えていきます。それぞれの役になりきって読んでみましょう。こうして、いろいろな役を経験したら、最後に1人で読んでみます。

ずいぶん読み方が変わり、登場人物が、それぞれイキイキと動き始めたのではないでしょうか。

「複数の朗読劇」と「1人の朗読」はまったく別物です。ときおり、複数の朗読劇の練習をすることで、1人読みのスキルアップも図れます。

これだけは覚えよう！

1. 配役を決めて読み分けると、心情などが理解しやすくなる。
2. 特に会話は読み分けると負担が減り、理解が深まる。
3. 複数の朗読劇の練習をすると、1人読みが進化する。

コツ 21 朗読力がアップするポイント

聴き手の年齢、時間帯、場所によって題材を選ぼう！

朗読会では、題材選びは慎重にする必要があります。うっかり選択を間違えると、悲惨な結果になることもあるからです。もちろん、自分の好きな作品を読んでいいのですが、聴き手の年齢層や場所、時間帯などにふさわしいかどうか、確認することが大切です。

ポイント 1 場所に合わせて選ぶ

舞台で読むときは、文豪の名作や現実離れした話でもOKです。照明や音響などの演出もあり、聴き手の想像力をかきたててくれます。怖い話も、聴き手との距離があるのでだいじょうぶ。

一方、狭い部屋には、身近な話が適しているようです。怪談は、よけいに怖さが増しますので、怖がりの人は避けたほうが無難かもしれません。このように、読む場所や部屋の広さ、演出の有無なども考慮して選びましょう。

ワンポイントアドバイス

子どもに読み聞かせをしたとき、読み終わったあとに、つい「どうだった？」と聞いてしまいがちです。でも子どもは物語の世界に思いを馳せ、余韻に浸っているのです。子ども自ら言葉を発しないかぎり、感想は聞かないこと。

ポイント2 子どもの場合は時間帯に合わせて選ぶ

聴き手が大人なら気にしなくてもいいですが、**子どもの場合は感受性が強いので、読む時間帯も配慮して選びましょう。**

朝の読み聞かせでは、元気が出るような題材を選ぶといいでしょう。昼は、愉快なものや怖いものもおすすめです。ＳＦもいいですね。夜は、怖がらせたり、興奮させるようなものは避けます。安心できるものやほのぼのとしたものを選びましょう。

ポイント3 子どもの発達段階に合ったものを選ぶ

例えば、幼稚園児に『人間失格』を読んで聞かせても、意味がわからず、退屈するだけです。**子どもの年齢や発達段階に合った題材を選び、読み聞かせの楽しさを教えてあげましょう。**

また、季節感も大切にしたいものです。子どもが成長したとき、桜の花や夏の夜空を見上げながら、そういえばあのときこんな物語を読んでくれたなあ、などと思い出してくれたら、とてもうれしいですね。

これだけは覚えよう！

① それぞれの場所にふさわしい題材を選ぶ。
② 子どもは影響を受けやすいので時間帯も考慮する。
③ 子どもが理解できて楽しめるものを選ぶ。

コツ 22 朗読力がアップするポイント

聴き手の年齢、時間帯、場所によって表現を変えよう！

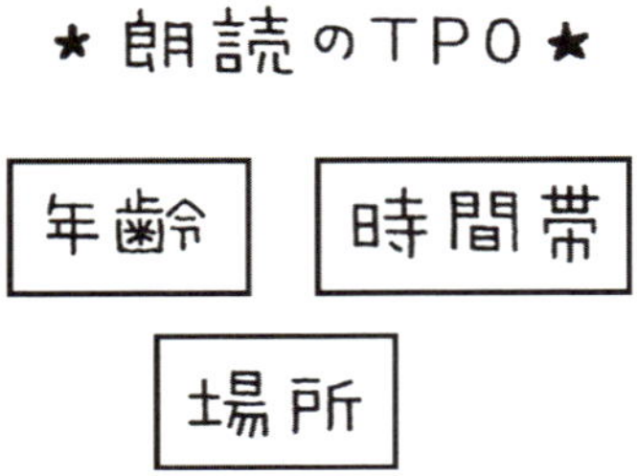

朗読の表現のしかたにもTPOがあります。これがベストだからと、いつでもどこでも同じように表現するのはNGです。聴き手の年齢層や状況に合わせて、表現も変えていく必要があります。常に固定した読み方ではなく、柔軟に対応できるようにしましょう。

ポイント 1 大人は抑制気味でもOK

朗読をする際、どの程度の力かげんで表現するのが適切か、迷う人が多いようです。作品を届けることを最優先に考えると、自ずとどう表現すればいいか、見えてくるはずです。

聴き手が大人で、朗読を聴き慣れた人たちなら、表現は抑えめでも理解してもらえます。おおげさな表現はかえっていやがられます。

緩急をしっかりつけて、間などを工夫して読むと喜ばれるでしょう。

ワンポイントアドバイス

家庭で、幼い子どもが寝る前に読み聞かせをするときは、穏やかに読みます。子どもはお母さんのやさしい声を聞きながら、安心して眠りたいのです。表現力を求めているのではありません。お母さんの温かさを伝えましょう。

ポイント2 子どもは時間帯も考慮する

子どもの場合、学校の朝の読み聞かせでは、これから授業が始まるのですから、興奮させるような読み方は避けましょう。対面ではなく、校内放送での読み聞かせなら、なおさら抑えた読み方のほうがいいでしょう。

一方、園児や小学生を対象にした休日の昼間の朗読会では、台詞などは感情を込めて読んだほうが喜ばれます。

子どもは正直です。途中で飽きられないように工夫したいものです。

ポイント3 場所によって表現を変える

大きなホールでするのか小さなカフェでするのか、場所によっても、当然表現を変えなければなりません。

例えば、遠くから叫んでいる台詞がある場合、狭い部屋の場合は、大声は出さずに、そう聞こえるように、表現を工夫します。一方、大きな舞台なら、実際に大声で叫んでもかまいません。

このように、朗読をする際には、条件に合わせて、読み方を変えていくことが大切です。

これだけは覚えよう！

① 朗読を聴き慣れた大人が対象の場合は、表現は控えめでOK。

② 子どもが対象の場合は、状況によって表現を変える。

③ 朗読する部屋の広さに合った表現をする。

コツ 23 朗読力がアップするポイント

オリジナルの滑舌練習文を作ろう!

滑舌が悪いと聞き取りにくく、聴衆は疲れてしまいます。朗読を楽しむどころではありませんね。どうもうまく読めない、と悩んでいる方は多いことでしょう。でもご安心を。練習すればするほど滑舌はよくなります。オリジナルの練習文なら、より効果的!

ポイント 1 自分の苦手な言葉を知る

CD Track 16

人によって、発音しにくい言葉は異なります。た行がダメ、ら行がろれつが回らない、さ行が舌足らずになってしまう、などいろいろです。

あなたはどうでしょう? 滑舌をよくするには、漠然と悩んでいないで、まずは自分の苦手な言葉を把握することが大切です。

CDに収録された、滑舌練習文を一つひとつ読んで、どの言葉が言いにくいかチェックしましょう。

トラック16

自分の苦手な言葉を把握しよう

あ：アカデミー賞のあざやかな赤いカーペットは明るい映画界を象徴しているようだ

い：威勢のいい医者は、椅子に座る暇もなくいそいそと忙しく動き回る

う：うなぎとウニは上手いが、食べ合わせが悪くウンウンうなり出した

え：絵を描かない絵描きが、絵を描く絵描きと映画の上映会に行った

お：美味しそうなおかずに思わず涙が出てしまい、俺とおまえの長い年月を思い出した

か：貨客船の旅客（りょかく）、飛行機の旅客

き：木の上のキツツキは、狐が来たのに気がついた

く：靴屋の奥さんの苦労話

け：契約書類が完成し、今後の建築計画を立てる

こ：こましゃくれた子供と、こわもての大人

さ：酒屋さんで酒を買ったら、サケの刺身をサービスしてくれた

し：静かな湿地帯に入りこんだ

す：すし飯、酢じょうゆ、すずきの酢づけ

せ：背中に背負ったセルロイドの人形

そ：咀嚼（そしゃく）して名文を味わう

た：大変な事態も　どうやら落ち着くところに落ち着いた

ち：地図には載っていない地方都市に近づいてみる

つ：疲れると、つまづき・転倒・要注意

て：てぐすねを引いて　手ごわい相手を待つ

と：トランポリン飛んで、とんだことに骨を折った

な：灘の酒、眺めては舐め、眺めては飲み

に：肉なしレシピの肉団子

ぬ：ぬめり取り、アク抜きすぎた山芋煮

ね：寝入りばな、うつらうつらと眠り姫

の：ノロウイルス、二次感染に気を付けよう

は：はかない恋、ハラハラ落ちる一粒の涙

ま：ままならぬ人生ほど、また楽し

み：みずすまし、みんな　すいすい泳いでる

む：ムカデ競争　歩調をそろえ　右足から

め：目まぐるしい進歩　ついていくのが難しい

も：モラルを守る

ワンポイントアドバイス

舌や口の周りの筋力が弱いと、滑舌が悪くなります。ですから、口の中で舌を回すトレーニングやフェイスストレッチなども有効です。血行がよくなり、表情も豊かになります。少しずつでいいですから、毎日続けましょう。

や：ややこしいオヤジギャグ、やかましいお客さんは やっぱり厄介だ
ゆ：雪の街　ゆっくり落ちる夕日を眺める
よ：欲張りな犬と欲張りでない犬
ら：ラッシュアワー　ギュウギュウ詰めの「ららぽーと」行き
り：リンパマッサージ　むくみも改善　リラックス
る：瑠璃の色　紫がかった紺色だ
れ：レスキュー隊に連絡を取る
ろ：路地裏に並んで建つロボットの家
わ：わしが鉄砲で大鷲を打ったら わしの手はわなわなと震えわが身の危険を感じた

ポイント2　オリジナルの練習文で重点的に

どの言葉が言いにくいかわかったら、重点的に練習して攻略しましょう。りっぱな練習文を作らなくても、日々の生活の中で、いつでもどこでも滑舌練習はできます。

例えば、食事の準備をしながら「ただいま、夕食の準備中！　〇〇〇と〇〇〇を作っています」と声を出して言います。もし、さ行が苦手なら「ゴボウのささがき」という具合です。気楽に取り組んでみましょう。

これだけは覚えよう！

① 自分の苦手な言葉をチェックする。

② 苦手な言葉を入れたオリジナル練習文を作り、重点的に練習する。

コツ 24 朗読力がアップするポイント

オリジナルの発声練習文を作ろう!

発声の練習では、口の形を正しく作って声を出すことで正しい発音も培われます。よく使われているのが「あえいうえおあお」ですね。ただ、同じ練習ばかりで飽きたという方や、もっと面白くしたい方は、ヤル気をUPさせるためにも、オリジナルの練習文を作ってみてはいかがでしょう。

ポイント 1 自分で作れば楽しさ倍増!

CD Track 17

お気に入りの文章なら、練習にもいっそう力が入るというもの。my練習文を作ってみましょう。

でもどんなふうに? という方は、アイドルグループ「さくら学院」のために作った発声練習を参考にしてください。一生懸命がんばるメンバーを思い浮かべて考えた練習文は、1500人のファンが集まるイベントで楽しんで頂きました。あなたもぜひ、オリジナル発声練習文にトライしてみてください。

トラック 17

「さくら学院発声練習」

あいさつ	明るく	あいうえお
かわいい	しぐさで	かきくけこ
さくらが	咲いたよ	さしすせそ
立ち位置	かんがえ	たちつてと
悩みが	いっぱい	なにぬねの
走って	ころんで	はひふへほ
まっすぐ	進もう	まみむめも
やさしく	声かけ	やいゆえよ
楽して	得られぬ	らりるれろ
笑って	がんばる	わいうえを

ワンポイントアドバイス

発声練習は漫然と行うのではなく、目標を決めて、集中してやりましょう。なめらかに言えるようになったら、スピードを速くしたり、練習文の難易度を上げていきます。録音して上達具合をチェックすると、励みになります。

ポイント2 難しく考えずに軽いノリで

どんな文章にしようかと考えすぎると、かえって言葉が出てきません。どうせやるなら楽しまなくちゃ損、ぐらいの軽いノリでOK！

語呂合わせのようなものでもよし、自分がさっそうと朗読している姿を思い浮かべて作るのもいいでしょう。

ただし、繰り返し使う言葉ですから、ネガティブな言葉や暗い言葉は避けましょう。明るく前向きになれる言葉をチョイスしてください。

ポイント3 基礎練習を丸ごと楽しもう

発声練習や滑舌練習は地味で退屈なトレーニングだと思いがちですが、何事も基礎が大切です。地道に努力を積み重ねているうちに、自信や表現力がつき、朗読の奥深さもわかってきます。しかも、声を出すことそのものがとても楽しいことに気づくでしょう。

こうして、基礎練習を丸ごと楽しめるようになったらしめたもの。加速度的にあなたのスキルがアップすること間違いなしです。

これだけは覚えよう！

① 自分だけの発声練習文を作ると楽しく練習できる。

② 考えすぎないで気楽に作ってみる。

③ 基礎練習を地道にしていると、丸ごと楽しめるようになる。

COLUMN 2

CD Track 18

気持ちを上げる　北原白秋『お祭り』

落ち込んでいるときは、北原白秋の『お祭り』で気持ちを上げましょう。お祭りを嫌いな人はいませんよね。読んでいるうちに、体が熱くなって、元気が出てきます。では、ご一緒に！

北原白秋　『お祭り』　トラック 18

わっしょい、わっしょい / わっしょい、わっしょい /
祭だ、祭だ / 背中に花笠《はながさ》 /
胸には腹掛《はらがけ》 / 向う鉢巻《はちまき》 /
そろいの半被《はっぴ》で / わっしょい、わっしょい /

わっしょい、わっしょい / わっしょい、わっしょい /
神輿《みこし》だ、神輿だ / 神輿のお練《ね》りだ /
山椒《さんしょ》は粒でも / ピリッと辛いぞ /
これでも勇《いさ》みの山王《さんのう》の氏子《うじこ》だ / わっしょい、わっしょい /

わっしょい、わっしょい / わっしょい、わっしょい /
真赤《まっか》だ、真赤だ / 夕焼小焼《こやけ》だ /
しっかり担《かつ》いだ。/ 明日も天気だ /
そら揉《も》め、揉め、揉め / わっしょい、わっしょい /

わっしょい、わっしょい / わっしょい、わっしょい /
俺《おい》らの神輿だ / 死んでも離すな /
泣《な》き虫《むし》ゃすっ飛べ / 差《さし》上《あ》げて廻した /
揉め、揉め、揉め、揉め / わっしょい、わっしょい /

わっしょい、わっしょい / わっしょい、わっしょい /
廻すぞ、廻すぞ / 金魚屋も逃げろ /
鬼灯《ほおずき》屋《や》も逃げろ / ぶつかったって知らぬぞ /
そら退《ど》け、退け、退け / わっしょい、わっしょい /

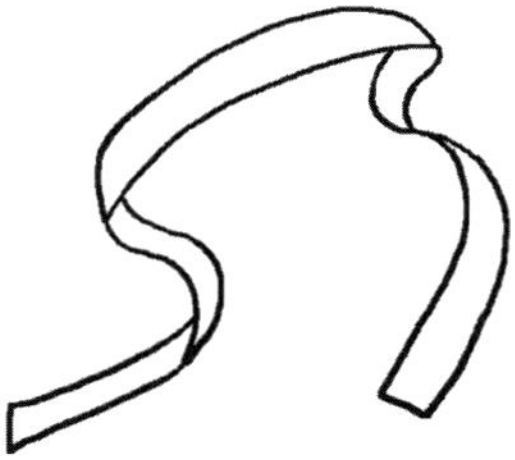

わっしょい、わっしょい / わっしょい、わっしょい
子供の祭だ。/ 祭だ。祭だ /
提灯《ちょうちん》点《つ》けろ / 御神燈《ごしんとう》献《あ》げろ /
十五夜お月様まんまるだ / わっしょい、わっしょい /

わっしょい、わっしょい / わっしょい、わっしょい /
あの声何《ど》処《こ》だ。/ あの笛《ふえ》何だ /
あっちも祭だ。/ こっちも祭だ /
そら揉《も》め、揉め、揉め / わっしょい、わっしょい /

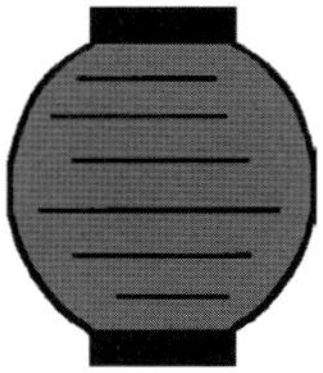

わっしょい、わっしょい / わっしょい、わっしょい /
祭だ、祭だ。山王《さんのう》の祭だ。/ 子供の祭だ /
お月様紅《あか》いぞ / 御神燈《ごしんとう》も紅いぞ /
そら揉《も》め、揉め、揉め / わっしょい、わっしょい /
わっしょい、わっしょい / わっしょい、わっしょい /

コツ 25 朗読力がアップするポイント

「初めて出てきた言葉」「ハッとした言葉」は、大切に読もう！

あなたがその物語を初めて読んだとき、何を思いましたか？　朗読するために、何度も何度も読み返しているうちに、最初の感動や驚きを忘れてしまうことがあります。あなたが忘れてしまったことを、聴き手に伝えるのは難しいのです。

ポイント 1 初めて出てきたときは大切に読む

小説を読んでいると、同じ言葉や登場人物の名前が、何度も出てきます。読み手は繰り返し目を通して、周到に準備して朗読するわけですから、「この言葉はここで初めて出てきた」という認識がだんだん薄れてきます。

そのため、つい淡々と読んでしまいがちです。でも、何度も出てくる言葉は、重要な意味を持っているのです。初めて出てきたときは、2度目、3度目よりも大切に読みたいものです。

ワンポイントアドバイス

読み手が物語に感動していると、その気持ちが自然に朗読に表れ、聴衆に伝わります。あなた自身の感性を磨くことも大切です。自分を取り巻くさまざまなことに興味を持ち、感動する心を育てましょう。

ポイント2 ハッとした言葉は忘れない

あなたが初めて読んだとき、ハッとしたり、心を揺さぶられた言葉があれば、忘れないようにしてください。

聴き手は、物語がどんなふうに展開していくのか、ワクワクしながら耳を傾けているのです。

そのときの新鮮な感動や驚きを、届けなければなりません。あなたがそれを忘れてしまったら、どんなにうまく読んでも何も伝わりません。それでは朗読する意味がありませんね。

ポイント3 印象的な言葉を工夫して文を読もう

CD Track 19

トラック19 夏目漱石『こころ』より

1、私《わたくし》はその人《ひと》を常《つね》に先生《せんせい》と呼《よ》んでいた。だからここでもただ先生《せんせい》と書《か》くだけで本名《ほんみょう》は打《う》ち明《あ》けない。

2、先生《せんせい》はあきれたといった風《ふう》に、私《わたくし》の顔《かお》を見《み》た。巻烟草《まきたばこ》を持っていたその手《て》が少《すこ》し顫《ふる》えた。

「あなたは大胆《だいたん》だ」

「ただ真面目《まじめ》なんです。真面目に人生から教訓を受けたいのです」

「私《わたくし》の過去《かこ》を訐《あば》いてもですか」

訐《あば》くという言葉《ことば》が、突然恐《とつぜんおそ》ろしい響《ひび》きをもって、私《わたくし》の耳《みみ》を打《う》った。

これだけは覚えよう！

① 初めてその言葉が出てきたときは、大切に読む。

② 初めて読んだときの感動や驚きを忘れないようにする。

コツ 26 朗読力がアップするポイント

「これだけは伝えたい言葉」「聴く人の心に残したい言葉」を強調しよう！

聴き手は、聴いた文章をすべて覚えることはできません。ポイントだけを覚えて、その後のストーリー展開を楽しむのです。読み手がポイントとなる言葉を強調してあげると、とても理解しやすくなります。朗読にメリハリをつける意味でもおすすめです。

ポイント 1 重要な言葉はプロミネンスする

あなたが、特に重要だと思った言葉や、聴く人の心に残したいと思った言葉は、強調して読みましょう。

このように、文中のある言葉を強調することを、「プロミネンス」といいます。どの言葉を強調するかは、読み手の解釈にかかっています。

同じストーリーでも、プロミネンスのつけ方によって、まったく印象が違ってきます。慎重にキーワードを選びましょう。

ワンポイントアドバイス

「ゆったりと雲が流れていきます」の「ゆったり」を強調したいときに、速く読んだり強く読んだりするのは、変ですね。この場合はゆっくり読むのがいいでしょう。その言葉に合ったプロミネンスを心がけてください。

ポイント2 効果的なプロミネンスの方法を選ぶ

CD Track 20・21

トラック20

一番言いたいことを強調する

- 清の想い出を話しましょう。
- 清の、想い出を話しましょう。
- 清の、想い出を話しましょう。
- 清の想い出を、話しましょう。

トラック21

問われたことを、強調する

A:「誕生日のプレゼントは何がいい？」
「誕生日のプレゼントは、バラの花束がいいわ」
（強調の仕方：強く）

B:「誕生日のプレゼントは何がいい？」
「誕生日のプレゼントは、バラの花束がいいわ」
（強調の仕方：弱くゆっくり）

C：「あのー、駅はどちらへ行けば着きますか？」
「駅はここを、右へ曲がれば着きますよ。」

プロミネンスの方法はさまざまです。その場面や言葉にふさわしい方法を選ぶことが大切です。ただし、テクニックに走りすぎたり、やりすぎたりしないように注意しましょう。

- 声を大きくしたり小さくしたりする。
- 強く読んだり弱く読んだりする。
- 声を高くしたり低くしたりする。
- ゆっくり読んだり速く読んだりする。
- 前後に間を取る。
- 台詞の場合は感情を入れることも。

これだけは覚えよう！

① 大切な言葉や特に伝えたい言葉は強調して読む。

② その場面や言葉に合ったプロミネンスの方法を選ぶ。

上から落ちるように読もう!

単語の高低はアクセントですが、文章全体の高低はイントネーションといいます。抑揚ともいい、イントネーションをつけることによって、文章の意味をより明確に伝えられます。自然で効果的なイントネーションのつけ方を知っておきましょう。

ポイント 1 基本は高い音から低い音へ

文章は、基本的には高い音からだんだん低い音へと、上から落ちてくるように読みます。これが自然なイントネーションです。

そして、強調したい箇所があれば、少し区切りをつけ、文章のかたまりごと、音を上げ直します。**この音の上げ下げがイントネーションというわけです。** イントネーションが不自然だと、非常に伝わりにくくなるので、注意が必要です。

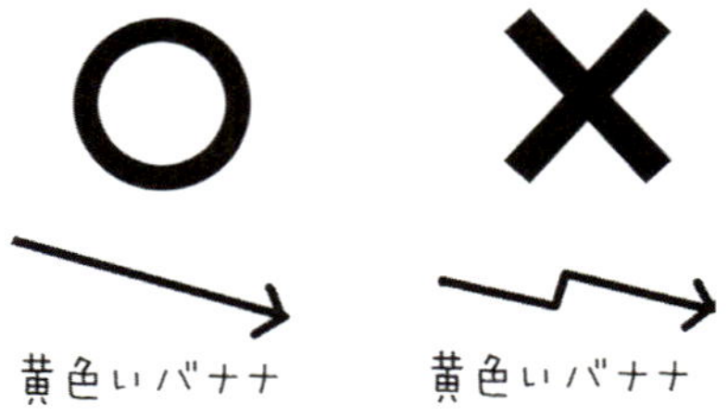

ワンポイントアドバイス

高い音から読み始めるのは基本のきですが、台詞や心の中の声は別です。あえて、とても低い声から入ることもあります。登場人物の心情を的確に伝えるために、イントネーションも工夫しましょう。

ポイント2 イントネーションに気をつけて読んでみよう

・「黄色いバナナ」――「黄色い」は「バナナ」の修飾語。「黄色い」が高く、「バナナ」が低くなります。逆にすると、おかしいですね。

・「アメリカに行った時に買ったお土産」――「行った」や「買った」が高くなる人が多いようです。上から落ちるように読んでみましょう。
「買った」を強調したいのなら「アメリカに行った時に、買ったお土産」というふうに、前で区切ります。

ポイント3 慣れてきたら音の高さに変化をつける

CD Track 22

いつも同じ音の高さから出ると、単調になってしまいます。慣れてきたら、ちょっとバリエーションをつけてみましょう。音の高さを微妙に変えて読み始めるのです。するとメリハリがつき、より聴衆の注意を引き付けられます。

また、日本語は最後まで聞いて初めて、何が言いたいかわかる仕組みになっています。

文頭同様、文末のニュアンスも大切にしたいものです。

トラック22
聴き比べてみよう

「アメリカに行った時に買ったお土産」

1：上から落ちるように読む○
2：「行った」が高くなってしまう読み×
3：「買った」が高くなってしまう読み×
4：「買った」を強調するために、あえて「買った」の前に「区切り」を入れる
「アメリカに行った時に、買ったお土産」○

これだけは覚えよう！

① 高い音から低い音へ、上から落ちるように読む。
② 自然なイントネーションを心がける。
③ 慣れてきたら読み始めの音を微妙に変えてみる。

コツ 28 朗読力がアップするポイント

「区切り」「間」を工夫して読もう！

区切る場所が違うと、意味が変わってくることがあります。どこで区切るかは、とても重要です。また、間を効効果的に取ることによって、聴き手の理解を助けたり、いっそう関心を高めたりできます。区切りや間を上手に入れて、朗読の達人になりましょう。

ポイント1 聴き手に誤解を与えないように区切る

CD Track 23

日本語は、同じ文章でも区切り方を間違えると、まったく別の意味になってしまいます。

例えば、「きれいな花を持った女の人」という文章では、「きれいな、花を持った女の人」なら、女の人がきれいという意味になります。一方、「きれいな花を持った、女の人」と区切ると、きれいなのは花になります。

聴き手が誤解しないように、意味のまとまりを考えて区切りましょう。

トラック23 区切る場所によって意味が変わる

今日もらったカバンを　使った。
（もらったのが今日です）

今日　もらったカバンを使った。
（使ったのが今日です）

ワンポイントアドバイス

強調する言葉の前では、ちょっと間を取ることが多いですが、文章の流れをさえぎらないようにしましょう。また、強調したいからといって、間を入れすぎるのはＮＧ！　強調したい文章の前後はあっさり読みましょう。

ポイント 2 間を取ることで表現がより豊かになる

CD Track 24

間は、単なる沈黙の時間ではありません。間を取ることによって、より豊かな表現が可能になります。

場面が変わるときや重要な言葉を読んだときは、長めに間をとりましょう。聴衆はこれから何が始まるのかと期待し、それまでの情報を整理して待ち構えます。そこからイマジネーションを広げることもあるでしょう。

また、間の長さによって時間の経過を表すこともできます。

トラック 24

間の長さで時間の経過を表そう

私は一生懸命働きました。
（やや長い間）それから２～３年が経ちました。

私は彼からプレゼントを受け取りました。
（短い間）その途端、会場が真っ暗になり、音楽が流れ始めました。

これだけは覚えよう！

① 聴き手に内容がきちんと伝わるように適切に区切る。

② 間の意味を知って、間を取る場所や間の長さを考える。

コツ 29 朗読力がアップするポイント

どんな状況なのかを考えて、台詞の練習をする

同じ台詞でも、その状況によって、当然、読み方が異なってきます。喜んでいるときには喜びが、怒っているときには怒りが伝わるように読みましょう。ただし、役者のように「登場人物になり切る」必要はありません。 朗読は「地の文と台詞とのバランス」が最も大切です。

ポイント 1 心情に合わせて同じ言葉を読み分ける

CD Track 25

トラック 25「おはよう」

★ゆうべ口喧嘩した家族と顔を合わせた時。「おはよう」
ぶっきらぼうな小さめの声で、まだ怒っていることを表現しています。

★お母さんが、眠っている赤ちゃんに声をかけた時。「おはよう」
起こさないように気をつけながら、小さい声で、愛情を表現しています。

★幼稚園で、先生が園児に声をかけた時。「おはよう」
惹きつけるような大きな声で、快活さを表現しています。

同じ「おはよう」という言葉でも、声をかける相手やそのときの心境によって、元気な「おはよう」になったり、ふてくされた「おはよう」になったりします。

CDを聴きながら、いろいろな「おはよう」を練習してみましょう。

ワンポイントアドバイス

読み手が女性で、登場人物が男性の場合、たいてい声を低くしますが、お腹からしっかりした声を出すことも大切です。そして、文章からも手がかりを探します。例えば「若いのに落ち着いた感じ」とあれば、やさしく丁寧な話し方をします。紋切型にならないこと。

CD Track 26

トラック 26「わかりました」

★母親に小言を言われた時。「わかりました」
一言一言、置くように言うことで、むっとした気持ちを表現しています。
★先輩に恋愛のアドバイスを受けた時。
「わかりました」
やや速めの明るい声で、問題が解決しそうだという期待を表現しています。
★病院で重篤な病気の告知をされた時。
「わかりました」
低く重い、落ち着いた声で、深刻さと先行きの不安を表現しています。

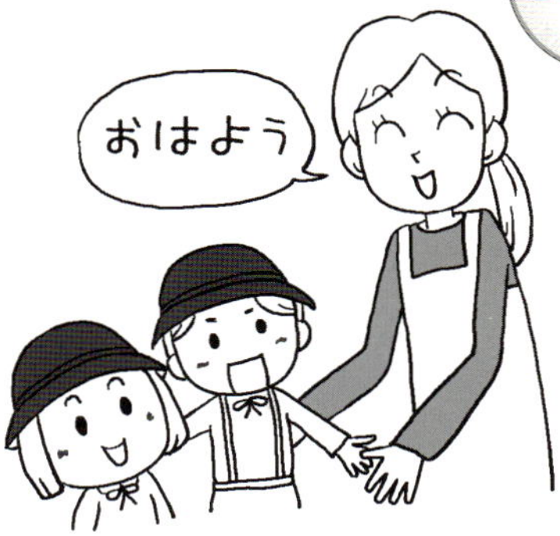

ポイント 2 異性の台詞を練習する

CD Track 27・28

登場人物が自分の性と異なるときは、どう読めばいいか戸惑いますね。でも、基本は同じです。状況や心情に合わせて、声の高低や張り、スピードなどに変化をつけます。

トラック 27 読み手が女性で登場人物が男性の場合

★男子学生が恥ずかしそうに女性に手紙を渡す。
「あの……これ、読んでもらえますか？」
★先生がすべて話すと決心をする。
「話しましょう。私の過去を残らず、あなたに話してあげましょう。」
★お爺さんがお婆さんの持って帰った桃を見る。
「おやおや、大きな桃だこと。おばあさん、割ってみよう。」

トラック 28 読み手が男性で登場人物が女性の場合

★女子学生が恥ずかしそうに男性に手紙を渡す。
「あの……これ、読んでもらえますか？」
★母親が帰ってきた子供に声をかける。
「あら、お帰りなさい。おなかすいてる？」
★お婆さんが川で大きな桃を見つける。
「おやおや、大きな桃だこと。持って帰って、お爺さんと食べましょう。」

これだけは覚えよう！

① 登場人物の気持ちや状況に合わせて台詞を読み分ける。

② 異性の台詞も声の高低やスピードに変化をつけて表現する。

COLUMN 3

物語に合った音楽を選んでみる

　物語は読み込むにつれ、ぐんぐんイメージが膨らんでいきます。場面に合う音楽を選ぶのも、朗読の楽しみの１つではないでしょうか。私の企画する朗読会でも、篠笛やハープの演奏家をお招きしたり、ＢＧＭを流したりすることがあります。

　みなさんは、山本周五郎さんの短編『鼓くらべ』をご存じでしょうか。鼓の名手であるうら若い女性が、やせこけた老人との交流を通して芸術の本質に目覚めていく、という物語です。簡単に主人公の心境の変化をご紹介すると、次のようになります。

「美しく勝気な主人公は老人と知り合い、しだいに穏やかな気持ちになっていく」→「お城で開催される『鼓くらべ』でライバルに勝ちたいと、闘志をむき出しにする」→「『鼓くらべ』の最中に、勝ちにこだわるライバルの醜い顔を見て、芸術は優劣を競うものではなく美しいものだと気づき、演奏をやめる」→「老人のもとへ駆けつけると、老人は亡くなっていた」→「音楽の美しさを教えてくれた老人のために、心を込めて鼓を打つ」。

　私は舞台公演でこの短編を朗読したとき、穏やかな曲、戦闘的な曲、悲しい曲を用意し、主人公が演奏をやめるところでは「急に音楽が止まる」という演出をしました。

　音楽を上手に取り入れると、物語をより情感豊かに聴き手に伝えられます。朗読なのだからこうしなければと決めつけないで、頭も心もやわらかくして、どんどんチャレンジしてみましょう。

第３章

朗読本番前の準備のポイントを知りましょう

服装の準備

朗読会では、かつては朗読のじゃまにならない黒の衣装が主流でした。最近は白も多くなってきましたが、意味を感じさせない衣装ばかりでは、面白みに欠けます。ときには作品に合わせて、ちょっと趣向を凝らしてみては？　より味わいが深くなることでしょう。

ポイント1 衣装は朗読を盛り上げる演出の１つ

基本的には服装は自由です。しかし、作品に合った衣装で朗読すると、聴き手だけではなく、読み手も感情移入しやすくなります。

日常生活でも、びしっとスーツを着こんだときと、ラフなかっこうをしているときとでは、気持ちがずいぶん違うはず。衣装も朗読を盛り上げる演出の1つといえます。場所や時間帯、聴き手の年齢なども考慮して、ふさわしい衣装を選びましょう。

ワンポイントアドバイス

舞台の背景に、黒や白の幕を張ってあることがあります。黒の幕に黒い衣装、白の幕に白い衣装だと、埋没してしまう恐れがあります。そういう効果をねらっているのならいいですが、そうではない場合は、注意が必要です。

ポイント2 作品のイメージに合うものを選ぶ

左の写真は、夏目漱石誕生150年記念に行われた、朗読劇『こころ』の様子です。出演者はそれぞれの役にあわせた衣装で、坊ちゃん役の男性は袴姿でした。また、ゲーテの詩『神と舞姫』では、篠笛奏者とのバランスを考え、衣装に白い麻のドレスを用意しました。作品によっては、カジュアルな服装のほうがフィットすることもあります。時代の雰囲気や主人公のイメージに合うものを心がけましょう。

ポイント3 おもてなしの心を大切に

朗読会では、おもてなしの心が何より大切です。演出以外で自分だけ目立ってしまっては台無しですね。

作品の内容にそぐわない衣装やアクセサリーは避けましょう。聴き手が、朗読に集中できなくなってしまいます。あくまでも、主役は朗読ということを忘れないようにしましょう。

何を着たらいいかわからないときは、無地でシンプルな服装にするとよいでしょう。

これだけは覚えよう！

① 衣装も演出の1つと考え、朗読を引き立てるものを選ぶ。
② 作品のイメージに合う衣装を心がける。
③ 聴き手が朗読に集中できることを最優先に考える。

コツ 31 朗読本番前の準備のポイント

モチベーションをキープする

楽しく朗読を続けていても、ときには壁にぶちあたったり、意欲がなくなってしまうことがあります。発表会があるからと、がんばって読み込みすぎて行き詰ってしまう方もいます。こんなときの対策を知って停滞感を打ち破り、朗読へのモチベーションを保ちましょう。

ポイント 1 朗読の原点に立ち返る

読み込みすぎて行き詰っている方は、読むことにとらわれすぎているのではないでしょうか。

その作品を初めて読んだときの、新鮮な感動を思い出してみましょう。読むテクニックを優先するのではなく、「作者の思いを自分なりに解釈して伝える」という朗読の原点に立ち返るといいでしょう。こうして、自分を客観的に見られるようになると、また読みたい気持ちが高まってくるはずです。

ワンポイントアドバイス

なんのために朗読を学ぼうと思ったのか、最初の動機を忘れないようにしましょう。何事もはじめから上手にできるわけがないのです。「継続は力なり」という言葉があるように、続けていくと、必ず何か得るものがあるはずです。

ポイント 2 目標や朗読仲間を作る

特に目標を持たず、漫然と続けている方もモチベーションを保ちにくいようです。こんなときは、朗読会に参加し、「自分だけの朗読」から「人に伝える朗読」に変えていきましょう。

朗読は聴き手がいてこそ、喜びがあるのです。図書館での読み聞かせボランティアや音訳ボランティアをすると、ダイレクトに反応を感じることができます。また、複数での読み（群読）も、一人読みとは違った楽しさがあります。

ポイント 3 いったん朗読を忘れて気分転換する

何事も、足踏みをしたり、スランプに陥ったりして少しずつ上達していきます。思うように読めない時期があってもあたりまえ。でも、熱心な人ほど焦って、意欲を失いがちです。

そんなときは、無理をしないで、いったん朗読から離れましょう。思い切って気分転換して、新たな気持ちで取り組むといいでしょう。空の色や草の匂いを感じることで、それまで気づかなかったことに気づくかもしれません。

これだけは覚えよう！

① 読むことにとらわれすぎず、朗読の原点を思い出す。

② 朗読会や読み聞かせボランティアに参加して朗読の喜びを知る。

③ 思うように読めないときは朗読から離れてリフレッシュ。

コツ 32 朗読本番前の準備のポイント

クライマックスを作っておく

淡々と話が進み、そのままなんとなく終わったのでは、聴き手は肩透かしを食った気分になります。映画や演劇には、必ずクライマックスがあります。観客を楽しませる工夫を凝らしているのですね。朗読でも、自分なりのクライマックスを作るようにしましょう。

ポイント1 自分なりの最大の山場を作る

クライマックスは、もっとも盛り上がる場面です。はらはらして手に汗を握ったり、あっと驚いたり、感動して涙したり——。

聴き手は、ワクワクして、その瞬間を待ち受けています。意外性があるほど、感動が大きいほど喜ばれます。

その作品全体を通していちばん強調したい場面はどこか、作者の意図を勘案して、自分なりのクライマックスを設定しましょう。

ワンポイントアドバイス

クライマックスになったら、何かをプラスするのも効果的です。例えば、立ち位置を変えてみたり、「座る」を「立つ」に変えるだけでも、観客はハッとします。クライマックスが、きちんと聴き手に伝わる工夫をしましょう。

ポイント2 クライマックスまでの道程も重要

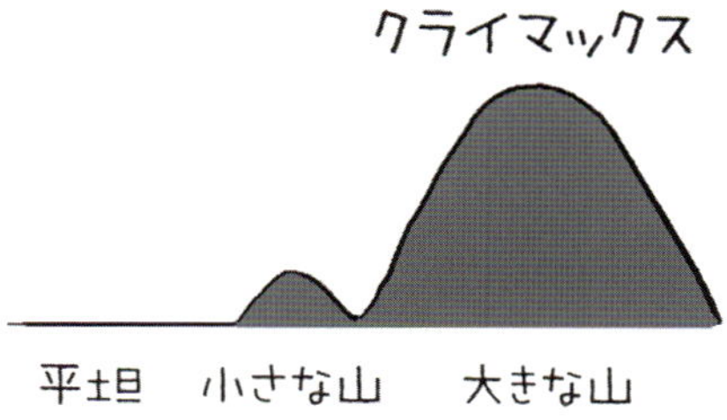

この場面がクライマックスと決めたら、どのようにしてそこまでもっていくかも、慎重に検討する必要があります。

ピークに達する前には、伏線があったり、小さな山場があったりするはずです。それぞれの力配分をどうするか、しっかりプランを立てましょう。

まだピークに達していないのに、最大限に強調してしまうと、クライマックスが目立たなくなってしまいます。

ポイント3 クライマックスを印象づける

クライマックスが近づいたら、転調して、それまでとは違った雰囲気を醸成します。また、読むスピードを変えることもあります。例えば、一つひとつ言葉をかみしめるようにゆっくり読んだり、場面によっては速く読んで、緊迫感を演出します。

クライマックスでは、声の出し方も工夫します。腹式呼吸で声を深く多めに出し、聴き手にその場面を印象づけましょう。

これだけは覚えよう！

① 作品全体を通して、もっとも盛り上げる場面を作る。

② クライマックスまでの力の配分を検討する。

③ クライマックスを際立たせるように読む。

コツ 33 朗読本番前の準備のポイント

録画で、自分の癖を直す

録音では、声や読み方しか確認できません。できれば、朗読しているところを録画して、姿勢や表情、動きなども含めて、チェックしてみるといいでしょう。これまで気づかなかった自分の変な癖を発見したり、ステップアップのヒントを得られることもあります。

ポイント 1 全身だけではなくアップも撮る

最近は、スマホなどで手軽に録画できるようになりました。できれば、朗読しているところを録画してみるといいでしょう。

その際、全身だけではなく、顔のアップも撮ることをおすすめします。意味もなく視線を動かしていたり、ときどき上を向いたりなど、アップの録画で初めて自分の変な癖に気づいたという人は多いもの。全身とアップの両方を、しっかりチェックしましょう。

ワンポイントアドバイス

わざわざ録画しなくても、朗読会に来た友人などにアドバイスしてもらえばいいと考える人もいます。でも、自分の目で確認することが重要なのです。この癖は絶対直さなくちゃ！　と痛感しなければ、本気で修正できません。

ポイント2 自分の真の姿に気づく

無意識にやっているので、自分の癖にはなかなか気づきにくいものです。自分ではよい姿勢で、情感たっぷりに読んでいるつもりでも、実際の姿は大違い、ということは少なくありません。

猫背になっていたり、わざとらしい表情だったり、落ち着きなく台本をめくっていたり……。その点、録画すると、自分を客観視できます。ショックを受けるかもしれませんが、自分の真の姿に気づくことが大切です。

ポイント3 焦らず少しずつ修正する

自分の癖に気づいたら、日々の練習の中で少しずつ直していきましょう。ときには、癖にばかり意識が集中して、思うように読めなくなってしまうこともあるかもしれません。でも、それは一時的なこと。焦らず地道に取り組んでいれば、必ず克服できます。

そのときには、あなたの朗読力は、まちがいなく向上しているはずです。節目ごとに録画して、上達を確認してみましょう。励みになります。

これだけは覚えよう！

① 全身と顔のアップの両方を撮ってチェックする。
② イメージの中の自分と現実の自分とのギャップに気づく。
③ 地道な努力を重ねて癖を直すと、朗読力はアップする

コツ 34 朗読本番前の準備のポイント

本番トラブル予防対策

朗読会に備えて懸命に練習したのに、風邪をひいて声が出なかった、なんてことになったらショックですね。日頃からしっかり健康管理をしましょう。本番が近づいてきたら、いっそう風邪の予防に努め、喉をいたわってください。万全の体調で、いざ本番へ！

ポイント1 風邪の予防に効果的な食べ物をとる

免疫力をアップさせる食べ物を積極的に摂取しましょう。

特に効果が高いビタミンCは、柑橘類やイチゴなどの果物、ブロッコリーやパプリカなどの緑黄色野菜に多く含まれています。ヨーグルトも、免疫力を強化する効果大。また、体を温める作用のあるショウガ、抗ウイルス作用や抗炎症作用のある、ネギ、マヌカハニー、大根などもおすすめです。緑茶でうがいをするのも効果的です。

ワンポイントアドバイス

ショウガには、ジンゲロール、ジンゲロン、ショウガオールといった健康成分が豊富に含まれ、血行をよくして、体を内側から温めます。おろしショウガとはちみつのお湯割りやショウガ紅茶などで、上手に摂取しましょう。

ポイント2 保湿を心がけ喉をいたわる

乾燥は喉の大敵です。できるだけ保湿に努め、乾燥しがちな冬場は加湿器を利用するといいでしょう。最近は、携帯できる喉用の加湿器も市販されています。手のひらサイズで、冷たいミストが喉の奥まで潤してくれます。

また、のど飴も、唾液の量を増やすので、喉を潤す効果大です。

辛いものや熱すぎるものは、喉の粘膜を傷めるので控えめに。温かく、刺激の少ないものがおすすめです。

ポイント3 風邪をひきにくい習慣をつける

帰宅したら、手洗いとうがいを励行しましょう。手や喉についたウイルスを洗い流す効果があります。過労や睡眠不足を避け、体調がおかしいと思ったら、早めの就寝を心がけてください。

マスクの着用は、ウイルスの侵入を防ぐともに、喉や鼻を潤す効果もあります。

日頃から、適度な運動をして体力をつけ、乾布摩擦などで皮膚を鍛えることも大切です。

これだけは覚えよう！

① 免疫力向上や抗炎症作用のある食べ物を積極的にとる。

② 加湿器やのど飴などで、喉の乾燥を防ぐ。

③ うがいや手洗い、マスクなどで風邪の予防に努める。

台本の作り方

演出ではないかぎり、市販の本をそのまま持って読むのはおすすめできません。読みづらく、書き込みもしにくいからです。手間はかかりますが、自分だけの台本を作りましょう。読みやすい台本を作っておけば、安心して本番に臨めますし、表現に力を注げます。

ポイント1 台本は読みやすい大きさの文字と行間でつくる

文字が小さくて読みにくいと、字を追うのに神経を遣い、朗読に集中できなくなります。本を読みやすい大きさに拡大コピーするのもいいですが、できればワープロソフトを使って、オリジナルの台本を作りましょう。行間は少し広くしておくといいでしょう。朗読記号を書き込むのに便利です。また、難しい字や、「幸子（さちこ・ゆきこ）」のように二通りに読める字に振り仮名を書き込むと安心です。

ワンポイントアドバイス

台本の文字の色にも注意が必要です。好みで黒以外の色にしたり、読みやすいように台詞を色分けすることがありますが、照明が同じ色だと、見えにくくなってしまいます。事前に照明の色を確認しておくといいでしょう。

ポイント2 文章や意味のまとまりをわかりやすく

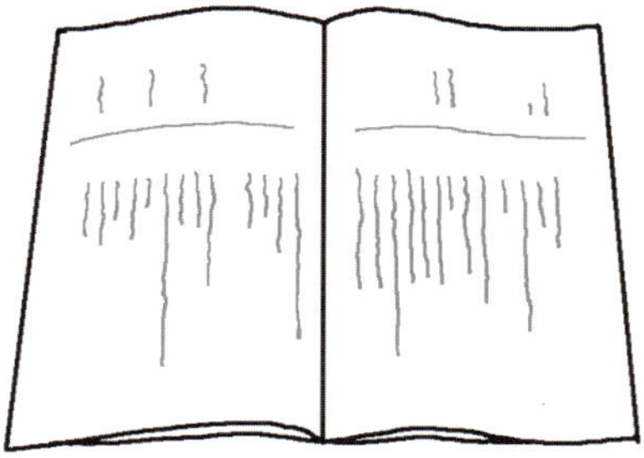

一続きの文が、折り返されて行をまたぐことがよくあります。例えば、「チャレンジしてみま」―折り返し―「したが、うまくいきませんでした。」という具合です。字を目で追うときに引っかかりますね。自分で台本を作れば、間をとる箇所で行を変えるなどの工夫ができます。また、大きく間をとるところでページを変えれば、朗読の最中にあわててページをめくらずにすみます。余白ができてもかまいません。

ポイント3 台本の表紙はしっかりした素材で、2冊作る

練習しているうちに、ボロボロになりますので、台本の表紙は厚紙などのしっかりした素材で作りましょう。色や模様は、衣装や演出、内容に合ったものにします。例えば、無地の衣装なら表紙は模様付きでもOKですが、柄物の衣装なら無地にします。ファイルも便利です。同じ書き込みをした台本を稽古用と本番用で2冊用意しましょう。紛失したときの予備として、稽古用台本は、本番にも持参します。

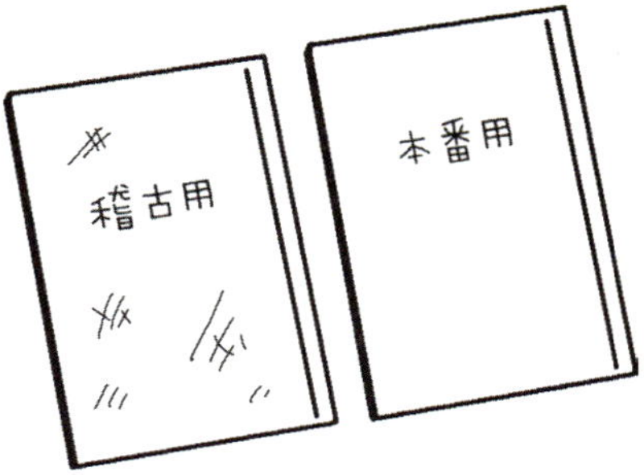

これだけは覚えよう！

① 台本はワープロで読みやすい大きさの文字と行間でつくる
② 文章や意味のまとまりが一目でわかるように工夫する
③ 表紙は厚紙にし、稽古用と本番用と全く同じ台本を2冊作る

ポイント4 朗読記号を書き込む

朗読は、読み手となる人によってさまざまな読まれかたをします。

その人が深く読み込んだ作品の世界を表現するために、台本には印を付けて朗読の補助に活用しましょう。

朗読記号に明確な決まりはありませんが、自分が書き込みやすく読むときに判断しやすいものがいいでしょう。

この本では次に紹介する朗読記号を5章（P110〜127）の朗読に使用しています。

区切り①：一拍程度の間を空けて読む
○○○○、／○○○○。

区切り②：読点の個所と同様に短く間を空けて読む
○○○○＜○○○。

大きな間：大きく間をとって、印象に残るように読む
○○○○。○○○○。

続けて読む：句読点を無視して続けて読む
○○○○、○○○○。

強調：単語や文節を、その前後よりも強調して読む
○○○○○○○○○○○○○。

さらりと読む：前後の文よりもさらりと流して読む
○○○○○○○○○○○○○。

囲み①：言葉のまとまりを意識して読む
○○○○○○○○○○○○○。

囲み②：言葉のまとまりが、さらに大きなまとまりに含まれることを意識して読む
○○○○○○○○○○○○○。

並列：番号の箇所を同等の扱いで読む
①○○○○、②○○○○、③○○○○、○○○○。

心の中の言葉：セリフ以外で登場人物の心情の部分を感情を表現して読む
○○○○、（○○○○○○○○○○）○○○○。

プラスの気持ち：ポジティブな感情を表現して読む
☺○○○○、○○○○。

マイナスの気持ち：ネガティブな感情を表現して読む
☹○○○○、○○○○。

出だしを高く：出だしを高い声で読む
▲○○○○、○○○○。

出だしを低く：出だしを低い声で読む
▼○○○○、○○○○。

第４章

朗読力を高め、
練習成果を出し切る
ポイントを知りましょう

コツ 36 朗読力を高め、練習成果を出し切るポイント

専門の先生に習う

朗読は芸術表現ですので、「こうでなくてはいけない」という決まりはありません。ただ、癖などは自分ではなかなか気がつかないものです。1人で練習していると行き詰ってしまうこともあります。アドバイスを受けたい方は、専門の先生に習うのもいいでしょう。

ポイント 1 グループレッスンで刺激をもらう

グループレッスンのいいところは、他の人の個性豊かな朗読に触れられることです。解釈や表現は一人ひとり違いますので、同じ作品でも、全く異なる読み方になることがあります。

自分1人で練習していると、自分の読みが正解、と思い込んでしまいがちです。自分とは異なる読みを聴くのは、とてもよい刺激になります。そのうえ、朗読仲間もできるので、楽しく朗読を続けられます。

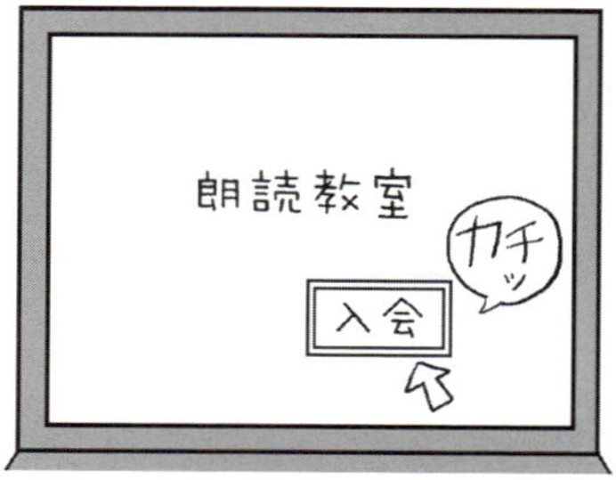

ワンポイントアドバイス

朗読を習おうと思い立ったら、その目的をはっきりさせましょう。例えば、楽しく朗読がしたい、台詞をもっとうまく読みたい、滑舌をクリアにしたいなど。自分に何をプラスしたいかによって、講師を選ぶのもいいでしょう。

ポイント2 プライベートレッスンを上手に利用する

プライベートレッスンは、何かの目標を持ってくる方がほとんどです。マンツーマンですので、**その方に応じた丁寧なアドバイスを受けられます。**

仕事が不規則な方や小さい子どもがいる方など、「特に目標はないけれど、ちょっと朗読に触れてみたい」という人にも便利です。

状況に応じて、グループレッスンとプライベートレッスンをうまく使い分けるといいでしょう。

ポイント3 朗読教室の発表会で朗読デビューする

朗読教室は全国にあり、発表会も盛んに行われています。同じ趣味を持った方々が集まる発表会は、和気あいあいとしてとても活気があります。

「私は下手だから」と尻込みする方がいますが、心配ご無用！　**それぞれに声も持ち味も違い、あなたにしかできない朗読があるのですから。**

物語やエッセイの朗読は作者の人生に触れることでもあり、仲間作りをすることも生きる喜びにつながります。

これだけは覚えよう！

① グループレッスンは、他人の朗読を聴けるのでよい刺激になる。

② マンツーマンのプライベートレッスンは上級者にも初心者にもやさしい。

③ 発表会はスキルアップ、仲間作りに役立つ。

コツ 37 朗読力を高め、練習成果を出し切るポイント

朗読劇の場合、演出にも気を配る

1人読みでも多少入れることはありますが、複数での朗読劇では演出は不可欠です。出演者が、最初から最後まで立ちっぱなしで朗読するのか、途中で出たり入ったりするのか、全員の動きを考えるのも演出の仕事です。しっかり打ち合わせをすることが大切です。

ポイント 1 演出を書き込んだ台本を作る

小説をそのまま朗読する場合も、脚色する場合も、動きや照明、音響などの演出を書き込んだ台本を作ります。

ワープロソフトで作成しておけば、各出演者が自分に合った文字の大きさに変更したりできるので便利です。台本の表紙も、統一したほうが見た目がきれいです。演出は、専門家に頼むこともあれば、出演者が話し合って決めていくこともあります。出演者の1人が担うこともあります。

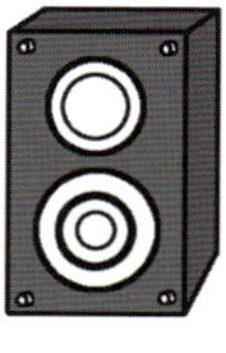

ワンポイントアドバイス

意味のない動きは、自信がなさそうに見えてしまいます。また、演出でもないのに、視線をあちこち動かすのもＮＧです。所定の位置に立ったら、堂々とした態度で朗読しましょう。周到に準備をしておくと安心できます。

ポイント2 全員の動きを決めておく

複数で行う朗読劇では、出たり入ったり、立ったり座ったり、各人が動きながら進行することがよくあります。

朗読とは直接関係ないからとおろそかにしがちですが、立ったまま、座ったまま、途中で立つ、出たり入ったりする（出ハケ）など、全員の動きをきちんと決めておくことは、非常に重要です。

また、それぞれがどこに立つかも決めておきます。

ポイント3 目線も打ち合わせておく

大勢で舞台に出ているとき、気になるのが目線です。下を向いたまま、真っすぐ前を見る、他の出演者を見るなど、どこに目線を向けるのかも打ち合わせておく必要があります。意味もなくキョロキョロしていると、とても目立ちます。また、朗読劇で、ナレーションと台詞をはっきり分担する場合は、ナレーション担当者の目線は常に台本に、台詞はなるべく顔を上げて、などと決めておくといいでしょう。

これだけは覚えよう！

1. 演出を書き込んだ台本をワープロソフトで作る。
2. 全員の動きや立ち位置をきちんと決めておく。
3. 目線をどこに向けるかも、事前に決めておく。

コツ 38 朗読力を高め、練習成果を出し切るポイント

ドラマや舞台公演を観る、人の話をよく聞く

朗読は、ただ読むだけでなく、話の流れや背景、人の気持ちなどを深く理解してから読むことが大切です。テレビドラマや映画、演劇などは非常に参考になります。積極的に観ましょう。多彩な読み方ができるようになると、もっと朗読が楽しくなるでしょう。

ポイント 1 役者の演技を見て自然な表現を会得する

表情や台詞がどうも不自然だと、悩む人が多いようです。感情を込めようとするあまり、おおげさになってしまうのですね。

その点、役者さんは演技のプロですから、とても表現が自然です。ぜひ、参考にしたいものです。

一朝一夕に身に付くものではありませんが、ドラマや映画、舞台を多く観ているうちに、間のとりかたや台詞回しのコツがわかるようになります。

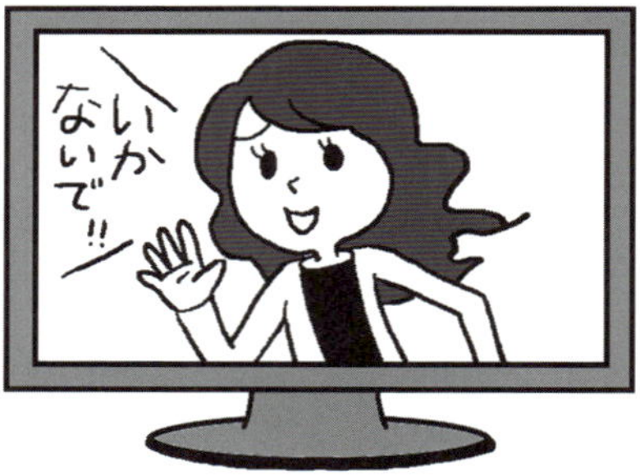

ワンポイントアドバイス

人はどんなふうに感情を表すのか、観察することも大切です。例えばうれしいとき、明るくストレートに表現する人もいれば、ちょっと照れて控えめに表現する人もいます。子どもや高齢の方とも積極的に話してみましょう。

ポイント2 演出にも目を凝らす

テレビドラマは身近な話が多いので、さりげない言葉の返し方などを勉強できます。BGMの入り方も観察してみましょう。

演劇は、身近な話から海外の話、夢の話など、バラエティーに富んでいます。舞台での声の出し方や出演者の動き、目線、照明、音響などもたいへん参考になります。

観客を引き付けるためのさまざまな演出は、朗読劇にも応用できます。

ポイント3 人の話をよく聞いて共感力を鍛える

会話は、まず人の話をよく聞き、それに応じた言葉を返すことで成立します。どんな言葉で人は嫌な気持ちになるのか、うれしくなるのかなど、他人の気持ちを考える習慣をつけましょう。

核家族化が進み、他人とコミュニケーションをとるのが苦手という人が増えている今、特に必要とされているのが、相手に共感する力です。

この力は、朗読で、登場人物の気持ちを想像するときにも役立ちます。

これだけは覚えよう！

① 映画や演劇を観て、自然な表現のしかたを学ぶ。

② 演劇などの演出も参考にして、朗読の舞台に応用する。

③ 日頃から人の話をよく聞き、相手の気持ちを想像する習慣をつける。

コツ 39 朗読力を高め、練習成果を出し切るポイント

臨場感を高める小道具の使い方

舞台に限らず、小さな会場でも手軽に朗読の発表会はできます。小道具をうまく使えば、臨場感が増し、ぐっと雰囲気が盛り上がります。また、効果音もおすすめです。お客さまが飽きずに楽しめる朗読会になるように、いろいろ工夫を凝らしてみましょう。

ポイント 1 小道具で変化をつける

朗読の途中で帽子をぬいだり、マフラーをはずしたり、手袋をつけたり、身につけるもので演出するのも面白いですね。ただし、話の合間に行うこと。話しながらの着脱は逆効果です。

また、大きな箱をでんと置いて、箱から何かを出しながら、1話ずつ短編を読んでいくのも面白いでしょう。

木の切り株のようなものを置いておき、途中から座って読むというのもいいかもしれません。

ワンポイントアドバイス

効果音を使うときは、タイミングが大切です。クライマックスでと思っていたのに、ずれるとしらけてしまいます。入念にリハーサルをしましょう。また小道具は、作品の内容や時代を象徴するものを使うのもいいですね。

ポイント2 効果音で雰囲気を盛り上げる

効果音があるとないとでは、臨場感がまるで違います。

柳行李に小豆を入れてゆっくり揺すり、「ザザーッ」という波の音を演出する方法はよく知られています。

また、雨のような音を出せるレインスティックや、クリスマス気分を演出するのにうってつけのスレイベルなどの楽器もあります。

お祭りの音や雑踏など、録音物での効果音も簡単で効果的です。

ポイント3 効果音は適度な大きさで

効果音は、会場の広さに合わせることも大切です。例えば、狭い会場で拍子木を打ったりすると、音が大きすぎてちょっとうるさく感じられることがあります。

また、効果音をあれこれ使いすぎるのもNGです。煩わしいだけになってしまいます。あくまでも、お話が主役だということを忘れないようにしましょう。さりげなく使ってこそ効果があるのです。やりすぎは禁物です。

これだけは覚えよう！

1. 小物を着脱したり、出し入れして視覚的に観客を楽しませる。
2. 効果音があると臨場感が増し、観客が物語に没入しやすくなる。
3. 効果音は心地よく感じる大きさ、頻度にする。

コツ 40 朗読力を高め、練習成果を出し切るポイント

丁寧に読もう！ タイトルもしっかり腹式呼吸で！

あたりまえのことですが、いいかげんに読んだり、ぶっきらぼうに読んだりするのはNGです。観客は聴く気がなくなってしまいます。いったい、なんのために朗読しているのか、その意味を考え直したほうがいいでしょう。丁寧に読むのは最低限の礼儀です。

ポイント 1 聴き手に感謝して丁寧に読む

声も出ているし、間の取り方も工夫している、緩急もついている。けれど、読み方がぶっきらぼうな人がいます。

緊張していたり、感情をこめたりするのが照れくさくて、ついそうなってしまうのでしょうか。あるいは、朗読を聴かせてやっているという尊大な気持ちがあるのでしょうか。

聴き手はわざわざ足を運んでくださっているのです。感謝の気持ちをもって丁寧に読みましょう。

ワンポイントアドバイス

「～しました」「～だ」など、断定的な語尾が続くとき、すべて同じように強く読むとその響きだけが残ってしまい、内容の印象が薄れてしまいます。強く、弱く、軽く、重くゆっくりとなど、変化をつけて読んでみましょう。

ポイント2 タイトルから朗読は始まっている

作品のタイトルを読むときから朗読は始まっています。ところが、本文のことで頭がいっぱいなのか、タイトルをおざなりに読んでしまう人がいます。

ある朗読コンテストの審査員の先生方とお話したとき、「タイトルを読んだだけで、だいたいの朗読力がわかる」とおっしゃっていました。そのくらいタイトルの読み方は重要です。

腹式呼吸でしっかりタイトルを告げ、聴衆を惹きつけたいものです。

ポイント3 伝えようとする真摯な気持ちが大切

朗読をするうえで、もっとも大切なことは、伝えようとする真摯な気持ちで読むことです。

詩でも物語でも、一つひとつの言葉に作者の想いや願いがこめられています。それをくみ取り、あなたの言葉に載せて観客に伝えましょう。あなたの作品への深い思いも一緒に、聴き手に届くはずです。

朗読には、あなたがどう作品と向き合っているのか、如実に表れます。

これだけは覚えよう！

① おもてなしの心で丁寧に読む。
② タイトルをしっかり読んで聴き手の心を惹きつける。
③ 常に伝えようとする真摯な気持で読む。

コツ 41 朗読力を高め、練習成果を出し切るポイント

細かいことよりも「物語を伝える」ことに全力を注ぐ

いざ本番！　いよいよ舞台に立つ日がやってきました。日頃の練習の成果を発揮しなければ、と力が入る人もいることでしょう。でも、がんばりすぎは失敗のもと。本番前の注意点や本番当日の心構えを知って、平常心で臨みましょう。伝えることが何より大切です。

ポイント 1 不安になる要素を取り除く

人間は準備不足だと不安になります。朗読の練習をしっかりするのはもちろんのこと、読みやすい台本を必ず用意しましょう。万一、紛失したときのために、予備の台本も持参します。

当日忘れ物をしないように、チェックリストを作っておくと安心です。

また、朗読は自分の体が楽器のようなもの。喉の調子や体調が悪いと、不安でいっぱいになります。風邪などひかないように、気をつけたいものです。

ワンポイントアドバイス

朗読は動きがないぶん、手足が震えたり表情がこわばったりすると目立ちます。ほんの10センチ、立ち位置を変えると落ち着くことがあります。右手が震えていたら、少しの間、台本を左手に持ち替えてみるのもいいでしょう。

ポイント2 心を込めて伝えることに専念する

本番は、誰しも緊張するものですが、必要以上に神経質になる方がいます。気持ちをゆったりもちましょう。

今さら細かいことを気にしてもしかたがないのです。アクセントや鼻濁音はこれでいいか、母音の無声化はできているか、などと考えていては、朗読に集中できません。

これまで十分に練習し、念入りに準備してきたはずです。心を込めて物語を伝えることに専念しましょう。

ポイント3 成果を期待しすぎず、楽しむ

完璧に読もう、間違えないようにしなくちゃ、などと力むと、緊張してかえって失敗してしまいます。

はじめのうちは難しいかもしれませんが、舞台に立ったときは、無心になることが大切です。うまく読もうなどと思わず、物語を届けることだけに集中すると、緊張せずにすみます。

やることはやったのだから、自分も観客と一緒に楽しもうという気持ちで臨むといいでしょう。

これだけは覚えよう！

① 本番までにできるだけの準備をして不安を取り除く。

② 細かいことよりも、心を込めて伝えることだけを考える。

③ うまく読もうとせず、楽しむ気持ちで臨むとうまくいく。

コツ 42 朗読力を高め、練習成果を出し切るポイント

読み聞かせ……絵に集中してもらうために

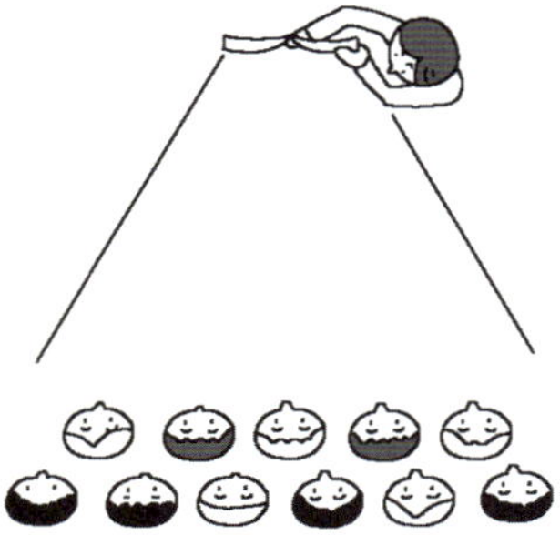

子どもは絵本を読んでもらうのが大好きです。絵本は子どもの知的好奇心や想像力を育み、感性を豊かにします。最近は、大人同士の読み聞かせも流行っているようです。朗読と違うところは、もちろん絵があること。絵と文、どちらも大切にしましょう。

ポイント 1 見やすいように絵本を固定する

絵本は、絵をしっかり見せてあげることが第一です。本がぐらついていては、落ち着いて見られません。

読み手は肘を体につけて、本の中心をしっかり持ち、絵本を固定するようにしてください。支えている指で、絵が隠れないように注意しましょう。

子どもの数が多い場合は、扇状に座らせ、全員に絵が見えるように、絵本の高さや角度などを調整します。

ワンポイントアドバイス

絵本は、表紙、表紙裏のソデの部分、扉、裏表紙にも仕掛けがあったりします。裏表紙を見て、登場人物がどうなったのかわかることもあります。表紙から裏表紙まで物語が続いていると考え、全部じっくり見せてあげましょう。

ポイント2 身振り・手振りはつけない

絵本は絵と文章が一体となって、独自の世界を創りあげています。子どもたちは、食い入るように絵を見つめているはずです。読み手が身振り・手振りをつけると、集中力がそがれます。

また、ごちゃごちゃした模様の服も着ないこと。ジェスチャーや色、模様などはじゃまになるだけです。

子どもたちが空想の世界に羽ばたいていけるように、読み手は目立たないようにしましょう。

ポイント3 子どもの反応を確かめながらめくる

絵本には、さまざまな仕掛けが隠されています。子どもは目を輝かせてそれを探します。まだ見つけていないのに、読み手がさっさとページをめくってしまったら、がっかりです。めくるときは、子どもの反応を確かめながら、物語に合わせて、タイミングよくめくりましょう。

いちばん大切なことは、子どもと一緒に絵本を楽しみ、「面白かった!」という気持ちを共有することです。

これだけは覚えよう!

① 絵本がぐらついたり傾いたりしないように固定する。
② 集中力をそぐようなジェスチャーや服装は避ける。
③ 子どもの気持ちを大切にして、めくりかたも工夫する。

コツ 43 朗読力を高め、練習成果を出し切るポイント

失敗してもくじけない強い精神力

本番には失敗はつきものです。でも、それを恐れていては何もできません。朗読の達人といわれている人も、数々の失敗を乗り越えてきたからこそ、今があるのです。恥ずかしい思いや悔しい思いは、すべてあなたの糧になります。失敗から学んでステップアップしていきましょう。

ポイント1 素知らぬ顔で読み進める

練習のときには思いどおりに読めたのに、本番になると緊張して、読み間違えたり、噛んでしまったり、ということはよくあることです。

こんなとき、「しまった！」とあわてると、ますますミスを呼ぶという悪循環に陥りがちです。

噛んでも読み間違えても、言い直したりしないで、何事もなかったかのように、読み進めていきましょう。そのほうが失敗が目立ちません。

ワンポイントアドバイス

緊張して、共演者が台詞を読み飛ばしてしまうこともあります。こんなとき、さり気なくカバーできるような器の大きい人間になりたいもの。どんなときも冷静に対処できる強い精神力は、あなたを支え、共演者の気持ちも楽にします。

ポイント 2 自分が気にするほど観客は気にしていない

多少ミスをしても、堂々と読んでいれば、観客は聴き流してくれます。あなたが恥ずかしそうにしたり、焦って言い直したりするから、観客も居心地が悪くなってしまうのです。

あなたが気にしているほど、観客は一字一句耳をそばだてて聴いているわけではありません。話の流れやその場の雰囲気を楽しんでいるのです。

流れをせき止めたり、雰囲気を壊さなければだいじょうぶです。

ポイント 3 失敗したときこそ精神力を鍛えるチャンス

一流のアスリートは、惨敗や怪我などのたくさんの試練に耐え、あきらめないで挑戦を繰り返した末に、栄冠をつかんでいます。挫折の経験が、その人をより成長させるのです。

失敗は恥ずかしいことではありません。恥ずかしいのは、失敗にめげてあきらめることです。本番でつまずいたら、そこを改善し、より聴き手を惹きつける朗読をすればよいのです。くじけない強い精神力を養いましょう。

これだけは覚えよう！

① ミスをしても、何事もなかったかのように読み進める。
② 気にしているのは自分だけ。流れや雰囲気を壊さなければOK!
③ 失敗が自分を成長させる。くじけない強い精神力を養うことが大切。

コツ 44 朗読力を高め、練習成果を出し切るポイント

共演者に気持ちよく声をかける

朗読は、基本的には1人で読むものです。でも、朗読会は、通常は共演者やスタッフと連携して、創りあげていきます。朗読会を盛り上げるには、チームワークが不可欠といえるでしょう。気持ちよく一人ひとりに声をかけ、協調して進めていくことが大切です。

ポイント 1 スタッフの仕事内容を知る

朗読会は、舞台監督がいることもあれば、出演者同士で確認し合って進めていくこともあります。

まずは、お世話になるスタッフの仕事の内容を知り、笑顔で明るく挨拶をしましょう。

朗読会の主な仕事には、公演全体の進行や裏方スタッフを統括する舞台監督、マイクの準備やBGMを担当する音響、照明、場内アナウンス、受付などがあります。

ワンポイントアドバイス

共演者やスタッフとの連帯感が高まり、観客に喜んでもらえる朗読会にしたい、という思いを共有できれば、成功は約束されたようなものです。本番では、適度な緊張を味方につけ、いつも以上に輝く自分を目指しましょう！

ポイント2 リハーサルをスムーズに進める

リハーサルも、スムーズに気持ちよく行いたいものです。リハーサル時間の配分などを、各自が心に留めておき、声をかけながらなごやかに進められるといいですね。

何か疑問点があれば、事前に聞いておきましょう。当日のリハーサルは、音響や照明のきっかけを練習する時間しかないのがふつうです。

よけいな手間をとらせないよう、気配りを忘れないようにしたいものです。

ポイント3 共演者と積極的にコミュニケーションをとる

ご縁があって共演するのですから、楽屋では知人とばかり話さず、出演者とのコミュニケーションを大切にしましょう。遠方からの参加者と話す、貴重な機会でもあります。周りの人とおしゃべりしていると、緊張もほぐれてくるので一石二鳥です。

舞台に立っている時間よりも、楽屋で過ごす時間のほうが長いのです。温かい気持ちで公演全体を盛り上げることを意識したいものです。

これだけは覚えよう！

1. 気持ちよく挨拶して、スタッフの仕事内容を把握する。
2. 声をかけあいながら、なごやかにリハーサルを進める。
3. 楽屋では共演者と楽しくコミュニケーションをとることを心がける。

COLUMN 4

朗読は人生経験も大切。性格も出てしまいます！

朗読では、人間に対する深い洞察力が必要になります。登場人物の気持ちに寄り添い、作者の訴えたいことを理解し、的確に表現しなければならないのです。人生経験も大切といえるでしょう。年齢を重ね、経験豊富な方の味わい深い朗読は、どんなに練習しても真似できません。

2017 年秋、「日本近代文学館リーディングライブ」に出演された、A さんと B さん。お 2 人は、長年の友情を確かめ合いながら、谷川俊太郎『ともだち』を朗読され、参加者に大きな感動を与えました。朗読は、読み手の人生を映し出します。よい時間を積み重ねてきた方々が紡ぎ出す言葉には、説得力があります。

また、朗読には性格も出てしまいます。せっかちな方は読むスピードが速かったり、間が少なくて落ち着きがないように聞こえることがあります。逆に、のんびりした方は、口調もゆったりしていて、手に汗を握る場面でも緊張感に乏しい感じがすることもあります。

これは、練習によってある程度は克服できます。ただ、なかなか自分では気づきにくいので、第三者のアドバイスを受けたほうがいいかもしれません。

しかし、それも含めてあなたの個性ともいえます。聴き手にストレスを与える癖は改善すべきですが、持ち味は大切にしましょう。人と同じように読む必要はありません。あなたらしい朗読をしてください。何よりも朗読を楽しみましょう！

第５章

さまざまな文章にトライしてみましょう!

手紙形式の作品を朗読する

※朗読記号についてはP88をご参照ください。

CD Track 29

印象深い思い出のため、とくに強調している。

書きながら懐かしさがこみあげてきた感じを、やわらかく表現した。

長文のため、出だしを高く上げ直している。

原民喜『ある手紙』

佐々木基一様

　御手紙なつかしく拝見しました。あなたから手紙をいただいたり、そのまた御返事をこうして書くのも、思えばほんとに久振りです。空襲の激しかった頃には、私はよくあなたやほかの友人に、いつ着くかあてもない手紙を、何の意味もない手紙を、重たい気分で、しかも書かないではいられない気持に駆られて書いたものです。が、今こうしてペンを執ってみると、ふと何となしにそんな奇妙な気分がするのは、どうしたことなのでしょう。

　私ははじめて『近代文学』第一号を手にした日のことを思い出します。当時、広島で罹災して、寒村の農家の二階で飢えていた私は、むさぼるようにあの雑誌にとびつき、ひどく興奮したものです。

●朗読は、読み手となる人の作品への解釈によりさまざまで、これが正解というものはありませんが、ここではプロの朗読家による、それぞれの朗読をご紹介します。

手紙形式の作品を朗読するときは、目の前の人に語るのではなく、手紙の書き手の気持ちになって、送った相手を思い浮かべながら読みましょう。綴られた「過去の想い出」などをイメージしてから読むことが大切です。緩急はつけすぎない方がよいのですが、緩ばかりで退屈にならないよう、途中ですこし走らせる部分があってもよいでしょう。そして文末は余韻を残し、ゆっくりしっかり読むと書き文字らしくなります。

CD Track 30

夢野久作『瓶詰地獄』

佐々木基一様

私と、アヤ子の二人が、あのボートの上で、附添いの乳母《ばあや》夫妻や、センチョーサンや、ウンテンシュさん達を、波に浚われたまま、この小さな離れ島に漂《なが》れついてから、もう何年になりましょうか。この島は年中夏のようで、クリスマスもお正月も、よくわかりませぬが、もう十年ぐらい経っているように思います。

その時に、私たちが持っていたものは、①一本のエンピツと、②ナイフと、③一冊のノートブックと、④一個のムシメガネと、⑤水を入れた三本のビール瓶と、小さな新約聖書《バイブル》が一冊と……それだけでした。

けれども、私たちは幸福《しあわせ》でした。

手紙の読者へ呼びかけつつ、状況説明。この物語の先行きを暗示するような空気を漂わせる。

新約聖書は心のよりどころなので、それ以外の品物とは別扱いで読む。

決して普通の意味での「幸福」ではないことに留意。うれしいことなら強調したいところだが、(この後の展開の為に) あえてさらっと読んでしまう。

会話が多い作品を朗読する

※この見開きではP113～P112の順に読んでください。

欲しい答えは得られず、また相手が困っているようなのでちょっと切り口を変えてみる。

それでも答えが得られないので手詰まりになる。

突然かつちょっと想定外の問いで驚く。

本当に困っていることを理解して、励ます。

の人に、どうぞ打ち明けて下さいって頼んで見たか分りゃしません」

▲「①先生は何とおっしゃるんですか」

「①何にもいう事はない、②何にも心配する事はない、おれはこういう性質になったんだからというだけで、取り合ってくれないんです」

①私は黙っていた。②奥さんも言葉を途切《とぎ》らした。③下女部屋《けじょべや》にいる下女はことりとも音をさせなかった。私はまるで泥棒の事を忘れてしまった。

「あなたは私に責任があるんだと思ってやしませんか」と突然奥さんが聞いた。

「いいえ」と私が答えた。

「どうぞ隠さずにいって下さい。そう思われるのは身を切られるより辛いんだから」

と奥さんがまたいった。

「これでも私は先生のためにできるだけの事はしているつもりなんです」

「そりゃ先生もそう認めていられるんだから、大丈夫です。ご安心なさい、私が保証します」

困り果てて、書生に心の内を話し始める。

自分に責任があるのでは、という最大の悩みを、書生に投げかけてみる。

書生と話しているうちに、今まで隠していた不安や悲しみがどんどん表に出てくるように表現した。

　会話の多い作品では、文字だけに捉われず、登場人物が「相手に何を言いたいのか」、そして「相手に何を言われているのか」を把握することが大切です。登場人物を取り巻く状況から、彼らの気持ちを考えてから表現方法を決めましょう。複数の登場人物の台詞を一人でおこなう場合、声の高低や話すスピードを工夫すると良いでしょう。

CD Track 31

夏目漱石『こころ』

「奥さん、私がこの前なぜ先生が世間的にもっと活動なさらないのだろうといって、あなたに聞いた時に、あなたはおっしゃった事がありますね。元はああじゃなかったんだって」
「ええいいました。実際あんなじゃなかったんですもの」
「どんなだったんですか」
①「あなたの希望なさるような、また②私の希望するような頼もしい人だったんです」
「それがどうして急に変化なすったんですか」
「急にじゃありません、段々ああなって来たのよ」
「奥さんはその間《あいだ》始終先生といっしょにいらしったんでしょう」
「無論いましたわ。夫婦ですもの」
「じゃ先生がそう変って行かれる源因《げんいん》がちゃんと解《わか》るべきはずですがね」
「それだから困るのよ。あなたからそういわれると実に辛いんですが、私にはどう考えても、考えようがないんですもの。私は今まで何遍《なんべん》あ

もっと詳しい情報を求める。

疑問の投げかけ。

今までの事を思い返すと悲しくなってくる。

状況からして答えが分かるはず、と答えを促す。

CD Track 32

山本周五郎『鼓くらべ』

「一五歳、冷たく勝ち気でおごった心を持っている」ことを、声に張りを持たせ、見下すような言い方で表現している。

「おまえ、何処の者なの、二三日まえにもそこへ来たようだね、なにをしに来るの」

「申しわけのないことでございます」

老人は嗄れた低い声で云った。「……お鼓の音があまりにおみごとなので、ついお庭先まで誘われてまいりました。お邪魔になろうとは少しも知らなかったのでございます」

「鼓の音に誘われて、……おまえが」

お留伊の眼は老人の顔を見た。加賀国は能楽が旺んで、どんな地方へ行っても謡の声や笛、鼓の音を聞くことが出来る。あえて有福な人々ばかりでなく、其の日ぐらしの貧しい階級でも、多少の嗜みを持たぬ者はないというくらいである。だからいま、そのみすぼらしい老人が鼓の音に誘われて来たと云っても、それほど驚くべきことではなかったし、お留伊が老人の顔を疑わしげに見詰めたのも、まるで別の意味からであった。

お留伊は暫くして冷やかに云った。

「おまえ津幡の者ではないの、そうでしょう。津幡の能登屋から、なにか頼まれて来たのでしょう」

「わたくしは旅の者でございます」

「隠しても駄目、あたしは騙されやしないから」

「わたくしは旅の者でございます」

老人は病気ででもあるとみえて、苦しそうに咳きこみながら云った。

お留伊に疑われたため、二度目の「旅の者」の方を強調している。舞台朗読の場合は実際に咳きこむが、CDには不向きだと判断し、「旅の、者」と表現。

CD Track 33

山本周五郎『椿説女嫌い』

この物語のナレーションは、「なりゆきを滑稽に、かつ温かい視点で見守る」ことを心掛ける。
滑稽さを出すため、多少リズムをとって語ってもよい。

その婦人は弥太夫の逞しい躯に羨望のながしめをくれながら、「隣り屋敷の使いでございますが」と作り声で云いだした。この作り声が弥太夫の我慢の緒を切った。彼は無作法にも手を振って「ああだめです。だめです。お帰りなさい、決して枝は切りませんから」と云った。使いの婦人はみるみる顔色が変わった。「随分失礼な御挨拶ですこと、私まだ用件も申しておりませんわ、それなのにいきなり手を振るという作法がございましょうか」「それでは女を使いに寄来すのは作法か」「この前ちゃんと男を遣わしました」婦人は冷笑して云った。「けれど男では役に立たず、埒が明かないから私が参ったのです。」「男では役に立たない――」弥太夫はかっとなる気持ちを辛うじて自制し、「宜しい、それでは改めて用件を聞きましょう、何です」「いえ、私はそんな無作法な方とはお話ができません、どうぞ御主人にお取次ぎ下さい、御勘定奉行ともある方なら礼儀も御存じでしょうし、少しは物の道理もおわかりでしょうから」これが主《ある》じと解りきっての意地悪である、女性が一度こう曲がったら、男性は無条件降伏をするか鉾《ほこ》を担いで退却する以外に手はない、弥太夫は物をも云わずに退却した。

使いの婦人の心の動き

- 体裁ぶった態度。
- 意地悪をして、邪険にされた仕返しをする。
- 邪険にされてむっとする。
- 男を貶して自分を高めようとする。

弥太夫の心の動き

- 完全拒否。
- しぶしぶ話をする。
- かっとなる。
- 自分の社会的地位を自覚し、自制する。

コツ 47 さまざまな文章にトライする

会話が無い作品を朗読する

一人称の語りの場合、「エッセイなら気楽な感じで話しているように」「波乱万丈な自叙伝の冒頭部分なら噛みしめるように（後半を盛り上げるため）」と、表現方法は様々です。

他者の語りの場合は、感情を入れずに読むことが基本となります。もちろん気持ちが自然に入ってしまうところもあるとは思いますが、気持ちを入れすぎないように気をつけましょう。全文を通して会話が無い物語の場合、メリハリをつけるために、クライマックスを決めてから読むと良いでしょう。

CD Track 34

林芙美子『新版 放浪記』

波乱万丈な人生の序章、重要な背景説明であるため、しっかりした声で丁寧に読むよう心がけた。『放浪記』は日記形式で台詞も多いため、ここは押さえた表現にしている。

私は宿命的に放浪者である。私は古里を持たない。父は四国の伊予の人間で、太物《ふともの》の行商人であった。母は、九州の桜島の温泉宿の娘である。母は他国者と一緒になったと云うので、鹿児島を追放されて父と落ちつき場所を求めたところは、山口県の下関と云う処《ところ》であった。私が生れたのはその下関の町である。故郷に入れられなかった両親を持つ私は、したがって旅が古里であった。それ故、宿命的に旅人《たびびと》である私は、この恋いしや古里の歌を、随分侘しい気持ちで習ったものであった。八つの時、私の幼い人生にも、暴風が吹きつけてきたのだ。若松で、呉服物の糶売《せりうり》をして、かなりの財産をつくっていた父は、長崎の沖の天草《あまくさ》から逃げて来た浜と云う芸者を家に入れていた。雪の降る旧正月を最後として、私の母は、八つの私を連れて父の家を出てしまったのだ。

古里は持たないが、生まれた土地を懐かしく思い、おだやかに表現している。

今後の展開に興味が沸くように、最後まで強く読んでいる。

感傷的な思い。

母の決心が感じられるように。

追放される母が、普通の温泉宿の娘であったことを印象づけるための「間」。

CD Track 35

太宰治『フォスフォレッスセンス』

主人公は突飛なことを説明しているが、決して読者を懸命に説得しようといった態度ではない。自分が思っていることを、自信をもって語っている。

私は、この世の中に生きている。しかし、それは、私のほんの一部分でしか無いのだ。同様に、君も、またあのひとも、その大部分を、他のひとには全然わからぬところで生きているに違いないのだ。

私だけの場合を、例にとって言うならば、私は、この社会と、全く切りはなされた別の世界で生きている数時間を持っている。それは、私の眠っている間の数時間である。私はこの地球の、どこにも絶対に無い美しい風景を、たしかにこの眼で見て、しかもなお忘れずに記憶している。

私は私のこの肉体を以って、その風景の中に遊んだ。記憶は、それは、現実であろうと、また眠りのうちの夢であろうと、その鮮やかさに変りが無いならば、私にとって、同じような現実ではなかろうか。

夢のなかの、うれしい体験。ワクワクというテンションの高いうれしさというよりは、思いだして満足感に浸っている。

私は、睡眠のあいだの夢に於いて、或る友人の、最も美しい言葉を聞いた。また、それに応ずる私の言葉も、最も自然の流露の感じのものであった。

また私は、眠りの中の夢に於いて、こがれる女人から、実は、というそのひとの本心を聞いた。そうして私は、眠りから覚めても、やはり、それを私の現実として信じているのである。

夢想家。

そのような、私のような人間は、夢想家と呼ばれ、あまいだらしない種族のものとして多くの人の嘲笑と軽蔑の的にされるようであるが、その笑っているひとに、しかし、笑っているそのお前も、私にとっては夢と同じさ、と言ったら、そのひとは、どんな顔をするであろうか。

セリフ調に。得意げに表現する。

コツ 48 さまざまな文章にトライする

有名な作品の冒頭を朗読する

CD Track 36

太宰治『きりぎりす』

すべてマイナスな言葉のため、最後にクライマックスがくるように表現した。

おわかれ致《いた》します。あなたは、嘘《うそ》ばかりついていました。私にも、いけない所が、あるのかも知れません。けれども、私は、私のどこが、いけないのか、わからないの。私も、もう二十四です。このとしになっては、どこがいけないと言われても、私には、もう直す事が出来ません。いちど死んで、キリスト様のように復活でもしない事には、なおりません。自分から死ぬという事は、一ばんの罪悪のような気も致しますから、私は、あなたと、おわかれして私の正しいと思う生きかたで、しばらく生きて努めてみたいと思います。私には、あなたが、こわいのです。

冒頭からインパクトのある文章だが、最初は落ち着いて話し始めるように表現した。

今まで溜めてきた気持ちを話す感じで。

最後まではっきり読む。

ゆっくり出て調子を変えている。

拍を意識し、間を取りながら読んで、印象づける。

冒頭が「台詞」や「一人語り」の場合、聴き手を惹きつけるような言葉になっていることが多いので、読みにもインパクトを持たせましょう。また、冒頭は「作品全体の背景を説明」している場合も多いので、聴き手がイメージしやすいように、特に丁寧に読みましょう。

CD Track 37

太宰治『走れメロス』

メロスは激怒した。必ず、かの邪智暴虐《じゃちぼうぎゃく》の王を除かなければならぬと決意した。メロスには政治がわからぬ。メロスは、村の牧人である。笛を吹き、羊と遊んで暮して来た。けれども邪悪に対しては、人一倍に敏感であった。きょう未明メロスは村を出発し、野を越え山越え、十里はなれた此《こ》のシラクスの市にやって来た。メロスには父も、母も無い。女房も無い。十六の、内気な妹と二人暮しだ。この妹は、村の或る律気な一牧人を、近々、花婿《はなむこ》として迎える事になっていた。結婚式も間近かなのである。

力強く怒り、力強く決意した様子を表現。

ただの一般人であることを表現。

普通の人の内面の、普通でない部分を表現する。

CD Track 38

宮沢賢治『銀河鉄道の夜』

文章がわかりやすいため、全体的にやや速めに読むことで活気を表現した。

とても高い音から入り、インパクトをもたせた。授業中、生徒が興味を持つように表現した。

「ではみなさんは、そういうふうに川だと云《い》われたり、乳の流れたあとだと云われたりしていたこのぼんやりと白いものがほんとうは何かご承知ですか。」先生は、黒板に吊《つる》した大きな黒い星座の図の、上から下へ白くけぶった銀河帯のようなところを指《さ》しながら、みんなに問《とい》をかけました。

カムパネルラが手をあげました。それから四五人手をあげました。ジョバンニも手をあげようとして、急いでそのままやめました。

「強調」はゆっくり読むことが多いが、ここは、あえて速く読んでいる。

CD Track 39

壺井栄『二十四の瞳』

冒頭、物語を包む雰囲気を作るために、全体的に温かい視点で読んだ。とくにわらぞうりの下りは、この村の人々の暮らしを温かく描く。

十年をひと昔《むかし》というならば、この物語の発端《ほったん》は今からふた昔半もまえのことになる。世の中のできごとはといえば、選挙《せんきょ》の規則《きそく》があらたまって、普通選挙法《ふつうせんきょほう》というのが生まれ、二月にその第一回の選挙がおこなわれた、二か月後のことになる。昭和三年四月四日、農山漁村《のうさんぎょそん》の名が全部あてはまるような、瀬戸内海《せとないかい》べりの一寒村へ、若い女の先生が赴任《ふにん》してきた。

百戸あまりの小さなその村は、入り江の海を湖《みずうみ》のような形にみせる役をしている細長い岬《みさき》の、そのとっぱなにあったので、対岸の町や村へゆくには小舟で渡《わた》ったり、うねうねとまがりながらつづく岬の山道をてくてく歩いたりせねばならない。交通がすごくふべんなので、小学校の生徒は四年までが村の分教場にゆき、五年になってはじめて、片道五キロの本村の小学校へかようのである。手作《てづく》りのわらぞうりは一日できれた。それがみんなはじまんであった。毎朝、新らしいぞうりをおろすのは、うれしかったにちがいない。じぶんのぞうりをじぶんの手で作るのも、五年生になってからの仕事である。日曜日に、だれかの家へ集まってぞうりを作るのはたのしかった。小さな子どもらは、うらやましそうにそれをながめて、しらずしらずのうちに、ぞうり作りをおぼえてゆく。小さい子どもたちにとって、五年生になるということは、ひとり立ちを意味するほどのことであった。

「入り江～そのとっぱな」は非常に複雑な構造なので、音声にするときに工夫が必要。

「若い女の先生」は、簡単な言葉だが、この物語では大事なキーワード。しかし、このあと再登場するのは文章のずっと後なので、聞き手の意識に残るようにしっかり強調する。

「普通選挙法」は、とくに強調したいキーワードではないが、やや難しい言葉なので、状況をなるべく丁寧に説明するためにゆっくり読む。

コツ 49 さまざまな文章にトライする

心の中の言葉が入っている作品を朗読する

作品の途中のため、何気なく入る。

いつも呼び慣れている感じが出るように。落ち着いた感じで。

CD Track 40

グリム『ラプンツェル』（中島孤島訳）

或《あ》る日《ひ》、王子《おうじ》は又森《またもり》へ行《い》って、木《き》のうしろに立《た》って居《い》ると、魔女《まじょ》が来《き》て、こう言《い》いました。

「ラプンツェルや！　ラプンツェルや！　お前《まえ》の頭髪《かみ》を下《さ》げておくれ！」

それを聞《き》いて、ラプンツェルが編《あ》んだ頭髪《かみ》を下《した》へ垂《た》らすと、魔女《まじょ》はそれに捕《つか》まって、登《のぼ》って行《ゆ》きました。

これを見《み》た王子《おうじ》は、心《こころ》の中《うち》で、「あれが梯子《はしご》になって、人《ひと》が登《のぼ》って行《い》かれるなら、おれも一つ運試《うんだめ》しをやって見《み》よう」と思《おも》って、その翌日《よくじつ》、日《ひ》が暮《く》れかかった頃《ころ》に、塔《とう》の下《した》へ行《い》って

「ラプンツェルや！　ラプンツェルや！　お前《まえ》の頭髪《かみ》を下《さ》げておくれ！」

というと、上《うえ》から頭髪《かみのけ》がさがって来《き》たので、王子《おうじ》は登《のぼ》って行《ゆ》きました。

丁寧に言うことで、半信半疑な気持ちと呼び慣れていない様子を表現した。

「心の中の言葉」は、誰かに言う台詞ではなく、自分自身の心から湧いてきたような言葉です。普段、地の文を1～10までの高低を使って読むとすると、1～7くらいで読むことを意識してみましょう。表現方法は作品により様々になります。登場人物の正直な心の声ですから、悔しさ、諦め、欲望、喜びなどの感情を込めて読みましょう。

CD Track 41

芥川龍之介『羅生門』

雨は、羅生門をつつんで、遠くから、ざあっと云う音をあつめて来る。夕闇は次第に空を低くして、見上げると、門の屋根が、斜につき出した甍《いらか》の先に、重たくうす暗い雲を支えている。

どうにもならない事を、どうにかするためには、手段を選んでいる遑《いとま》はない。選んでいれば、築土《ついじ》の下か、道ばたの土の上で、饑死《うえじに》をするばかりである。そうして、この門の上へ持って来て、犬のように棄てられてしまうばかりである。選ばないとすれば――下人の考えは、何度も同じ道を低徊《ていかい》した揚句《あげく》に、やっとこの局所へ逢着《ほうちゃく》した。しかしこの「すれば」は、いつまでたっても、結局「すれば」であった。下人は、手段を選ばないという事を肯定しながらも、この「すれば」のかたをつけるために、当然、その後に来る可き「盗人になるよりほかに仕方がない」と云う事を、積極的に肯定するだけの、勇気が出ずにいたのである。

今回はここが読み出しだったので、物語冒頭のように少し高めに読みはじめる。しかしこれより前の部分もあわせて朗読するならば、ここは内容的には「下人の目から見た羅生門」なのでもっと低く淡々と読みはじめてもよい。

「死ぬのが嫌だ」という思いを表現。あまり大げさにすると心の中のように聞こえないので、「にじませる」ことを心掛ける。

下人が実際に「見上げる」という行動を起こしていることを示すために、少し声を上げる。

登場人物の感情は、セリフ内で十分表現できる作品なので、ナレーション部分は全体の雰囲気から「なんとなく暗く、突き放して」読む。

詩を朗読する

CD Track 42

立原道造「草に寝て……六月の或る日曜日に」

それは　花にへりどられた　高原の
林のなかの草地であつた　小鳥らの
たのしい唄をくりかへす　美しい声が
まどろんだ耳のそばに　きこえてゐた
私たちは　山のあちらに
青く　光つてゐる空を
淡く　ながれてゆく雲を
ながめてゐた　言葉すくなく
しあはせは　どこにある？
山のあちらの　あの青い空に　そして
その下の　ちひさな　見知らぬ村に
私たちの　心は　あたたかだつた
山は　優しく　陽にてらされてゐた
希望と夢と　小鳥と花と　私たちの友だちだつた

高い音から出て、全体をまとめあげている。

この一文を印象づけるために、あえて他は押さえて読んでいる。

作者の想いが短い文章に凝縮されています。ひとつひとつの言葉を大切に読みましょう。

言葉のリズムを楽しみながら。緩急、音の上げ下げ、区切りなどで、変化をつけてみると良いでしょう。作品によっては、あえて淡々と言葉を繰り返して読むこともあります。「正しい解釈」にこだわり過ぎず、自分の表現でのびのびと読みましょう。

CD Track 43

中原中也「汚れつちまつた悲しみに……」

解釈が人によって全く異なる作品なので、どう読むのが正解というのがまったくない。自由に読む。

汚れつちまつた悲しみに
今日も小雪の降りかかる
汚れつちまつた悲しみに
今日も風さへ吹きすぎる

自分の「悲しみ」を手元から見つめる：浅めの客観視。

汚れつちまつた悲しみは
たとへば狐の革裘《かはごろも》
汚れつちまつた悲しみは
小雪のかかつてちぢこまる

「悲しみ」を内側から見つめるために、例えようとする：浅めの主観視。

汚れつちまつた悲しみは
なにのぞむなくねがふなく
汚れつちまつた悲しみは
倦怠《けだい》のうちに死を夢む

「悲しみ」を取り込んだ時、自発的にとる行動：深めの主観視。

汚れつちまつた悲しみに
いたいたしくも怖気《おぢけ》づき
汚れつちまつた悲しみに
なすところもなく日は暮れる……

「悲しみ」をまた外側から見つめつつ、内側の思いも乗せる：主観と客観の融合。

CD Track 44

新美南吉「天国」

おかあさんたちは
みんな一つの、天国をもっています。

どのおかあさんも
どのおかあさんももっています。
それはやさしい背中です。

どのおかあさんの背中でも
赤ちゃんが眠ったことがありました。
背中はあっちこっちにゆれました。

「天国」だけを際立たせるため、「みんな一つの」を続けて読んでいる。「みんな、ひとつの天国」と読むと「天国」がボヤけてしまう。

ほのぼのとした情景が浮かぶように、やさしく。

子どもたちは
おかあさんの背中を
ほんとうの天国だとおもっていました。

おかあさんたちは
みんな一つの、天国を持っています。

子ども達にとって確かな場所であるため、やや断定的に。

あえて最初と同じ表現でまとめる。

さまざまな文章にトライしてみましょう！

CD Track 45

宮澤賢治「雨ニモマケズ」

①雨ニモマケズ　②風ニモマケズ
③雪ニモ夏ノ暑サニモマケヌ　丈夫ナカラダヲモチ
慾ハナク　決シテ瞋ラズ　イツモシヅカニワラッテヰル
一日ニ玄米四合ト　味噌ト少シノ野菜ヲタベ
アラユルコトヲ　ジブンヲカンジョウニ入レズニ
ヨクミキキシワカリ
ソシテワスレズ
野原ノ松ノ林ノ蔭ノ　小サナ萓ブキノ小屋ニヰテ
東ニ病気ノコドモアレバ　行ッテ看病シテヤリ
西ニツカレタ母アレバ　行ッテソノ稲ノ束ヲ負ヒ
南ニ死ニサウナ人アレバ　行ッテコハガラナクテモイヽトイヒ
北ニケンクヮヤソショウガアレバ　ツマラナイカラヤメロトイヒ

①ヒデリノトキハナミダヲナガシ
②サムサノナツハオロオロアルキ
ミンナニデクノボートヨバレ
①ホメラレモセズ　②クニモサレズ
サウイフモノニ　ワタシハナリタイ

「ナリタイ」気持ちを鮮やかにではなく、じんわりと表現する。穏やかなやさしさと力強さ。

言葉のまとまりと意味に注意して、素直に読む。複数人で読む場合は、1人で読む時よりも緩急をつけずに、1つ1つの行動や性質を際立たせ、わざと踏みしめるように読んで、最後の「サウイフモノニワタシハナリタイ」で全部をまとめている。

監修者　葉月のりこ（はづき　のりこ）

1959年生まれ。山口県出身。朗読家。東京ビジネス専門学校スチュワーデス科を経て、日本航空株式会社 客室乗務員に。現在は一般社団法人日本朗読検定協会 プチプラージュ主宰／企画部部長／シニアプロフェッサー。朗読検定上級検定員。朗読コンテストの審査員、小学校・大手企業・アイドルグループ「さくら学院」公開授業の講師を務める。式典・舞台出演多数。企画・演出・脚本を手掛けた篠笛奏者 佐藤和哉氏との「かなでる×かたる」は平成29年度文化庁芸術祭参加公演。
第1回朗読の輪コンテスト（現 青空文庫朗読コンテスト）準優勝
第31回ゲーテの詩朗読コンテスト敢闘賞
第1回JILA朗読コンクール詩部門第1位

【STAFF】
■構成・編集　（有）イー・プランニング
■本文デザイン　小山弘子
■イラスト　さとうゆり

※本書に付属のCDは、図書館およびそれに準ずる施設に限り、本書とともに貸し出すことを許諾します。

CD付き　プロが教える　朗読
心に届く語りのコツ50

2018年4月20日　第1版・第1刷発行

監修者　葉月　のりこ（はづき　のりこ）
発行者　メイツ出版株式会社
　　　　代表者　三渡　治
　　　　〒102-0093 東京都千代田区平河町一丁目1-8
　　　　TEL.03-5276-3050（編集・営業）
　　　　TEL.03-5276-3052（注文専用）
　　　　FAX.03-5276-3105
印　刷　株式会社厚徳社

●価格はカバーに表示してあります。
 ISBN978-4-7804-2010-4 C2081 Printed in Japan.

ご意見・ご感想はホームページから承っております。
メイツ出版ホームページアドレス　http://www.mates-publishing.co.jp/

編集長：折居かおる　　企画担当：堀明研斗